BIBLIOTHÈQUE DES SCIENCES

AVEC LIENS INTERNET

LE CORPS HUMAIN

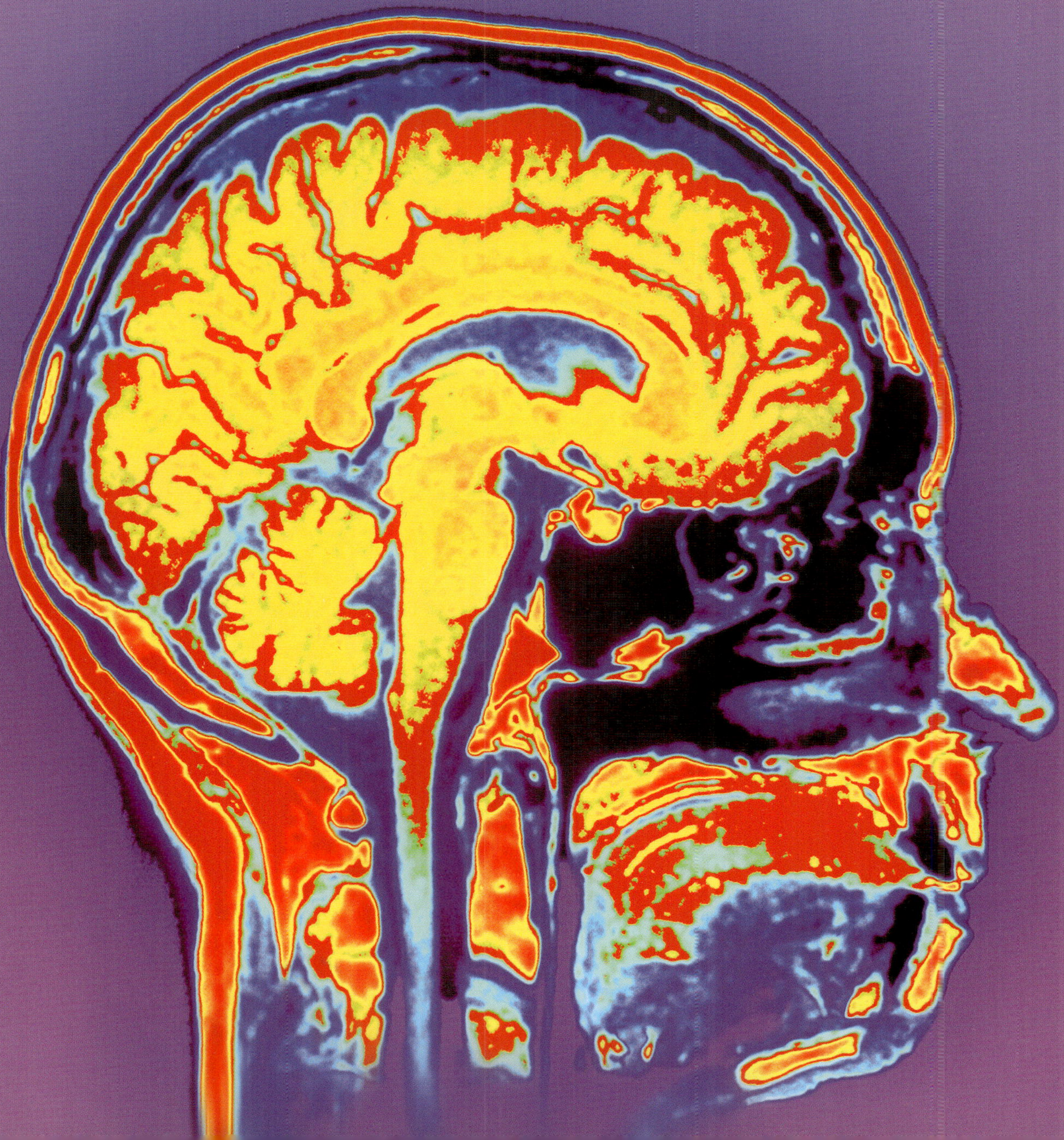

Les éditions Usborne ont fait tous les efforts pour s'assurer que les documents sur les sites Web proposés dans ce livre conviennent à l'objectif désiré. Les rédacteurs des éditions Usborne ont sélectionné les sites mentionnés dans ce livre, car ils conviennent, à leur avis, à des enfants. Aucune garantie n'est toutefois donnée à cet égard, et les éditions Usborne déclinent toute responsabilité concernant la nature et l'exactitude du contenu de tout site Web autre que le leur. Nous recommandons que les enfants soient toujours surveillés lorsqu'ils consultent Internet et qu'ils ne se connectent pas aux salles de discussion.

Imprimé en Espagne

BIBLIOTHÈQUE DES SCIENCES
AVEC LIENS INTERNET

LE CORPS HUMAIN

Kirsteen Rogers et Corinne Henderson

Maquette : Jane Rigby, Karen Tomlins
et Adam Constantine

Illustrations numériques : Verinder Bhachu
Images numériques : Joanne Kirkby

Rédaction : Laura Howell

Maquette de la couverture : Nicola Butler

Experts-conseils : Margaret Rostron et John Rostron

Conseillère pour les sites Web : Lisa Watts
Assistante à la rédaction : Valerie Modd

Maquette de la collection : Ruth Russell
Directrice de la collection : Judy Tatchell

Pour l'édition française :
Traduction : Claire Lefebvre
Rédaction : Renée Chaspoul et Helen Thawley

LIENS INTERNET

Tout le long de ce livre, des sites Web sont proposés pour approfondir le sujet traité. Tu pourras par exemple :

• observer du sang au microscope

• suivre la croissance d'un bébé dans l'utérus depuis les premiers jours jusqu'à sa naissance

• voir des animations sur l'ADN

• en savoir plus sur la génétique

• faire des tests sur certains des sujets traités pour vérifier tes connaissances

LE SITE QUICKLINKS D'USBORNE

Afin d'accéder à tous les sites Web qui te sont proposés tout le long du livre, va sur notre site Quicklinks
www.usborne-quicklinks.com/fr
où tu trouveras un lien direct à chaque site mentionné. Les liens des sites recommandés sur Quicklinks sont régulièrement revus et mis à jour. Il arrive toutefois qu'un message apparaisse, indiquant qu'un site n'est plus disponible. Cela peut être temporaire, réessaie donc plus tard, ou même le lendemain. Cependant, certaines adresses de sites Web changent ou les sites disparaissent. Si un site n'est plus accessible, nous le remplacerons, si possible, par un autre site.

CE DONT TU AS BESOIN

Certains sites Web nécessitent des programmes additionnels, appelés modules externes ou plug-ins, pour entendre des sons ou voir des vidéos, des animations et des images en 3D. Si tu accèdes à un site sans le module externe nécessaire, un message apparaît à l'écran t'indiquant comment le télécharger. Si cela n'est pas le cas, connecte-toi sur notre site Quicklinks et clique sur « Besoin d'aide ? ». Tu y trouveras des liens pour télécharger les plug-ins.

LA SÉCURITÉ SUR INTERNET

Lorsque tu utilises Internet, suis toujours les conseils suivants :

• Demande la permission à un adulte (parent, gardien ou professeur) avant de te connecter.

• Si un site te demande de t'inscrire avant de te connecter en tapant ton nom ou adresse électronique, demande d'abord la permission à un adulte.

• Si tu reçois un message électronique de provenance inconnue, parles-en à un adulte avant d'y répondre.

• N'accepte jamais de rencontrer une personne dont tu as fait la connaissance sur Internet.

NOTE POUR LES PARENTS

Tous les sites Web proposés dans ce livre sont régulièrement revus et les liens mis à jour. Toutefois, le contenu d'un site peut changer à tout moment et les éditions Usborne ne sauraient être tenues responsables du contenu de sites Web autres que le leur. Nous recommandons aux adultes d'encadrer les jeunes enfants lorsqu'ils consultent Internet, de leur interdire l'accès aux chat rooms (salles de discussion) et d'utiliser un système de filtrage afin de bloquer l'accès à tout matériel indésirable. Les parents doivent s'assurer en outre que les enfants ont bien lu et suivent les règles de sécurité mentionnées ci-dessus. Pour d'autres renseignements, voir « Besoin d'aide ? » sur le site Quicklinks.

LES IMAGES TÉLÉCHARGEABLES

Les images du livre indiquées avec le symbole ★ peuvent être téléchargées à partir de notre site Quicklinks pour ton usage personnel, par exemple pour un projet scolaire. Ces images sont sous copyright Usborne et ne doivent pas être utilisées dans un but commercial.

www.usborne-quicklinks.com/fr

Va sur le site Quicklinks d'Usborne pour :

• avoir des liens directs à tous les sites Web proposés dans le livre

• télécharger gratuitement des images, qui sont signalées tout le long du livre par le symbole ★

OBSERVE PAR TOI-MÊME

Les encadrés *Observe par toi-même* de ce livre proposent des expériences, des activités ou des observations que nous avons testées. Il arrive que des sites Web offrent aussi des expériences. Cet ouvrage s'adressant à des lecteurs d'âges différents, il est important que tu ne réalises pas seul ces expériences, aussi bien celles du livre que celles du Web, car il te faudra utiliser des objets dont tu n'as peut-être pas l'habitude, tel couteau de cuisine ou cuisinière. Demande toujours à un adulte de t'aider.

SOMMAIRE

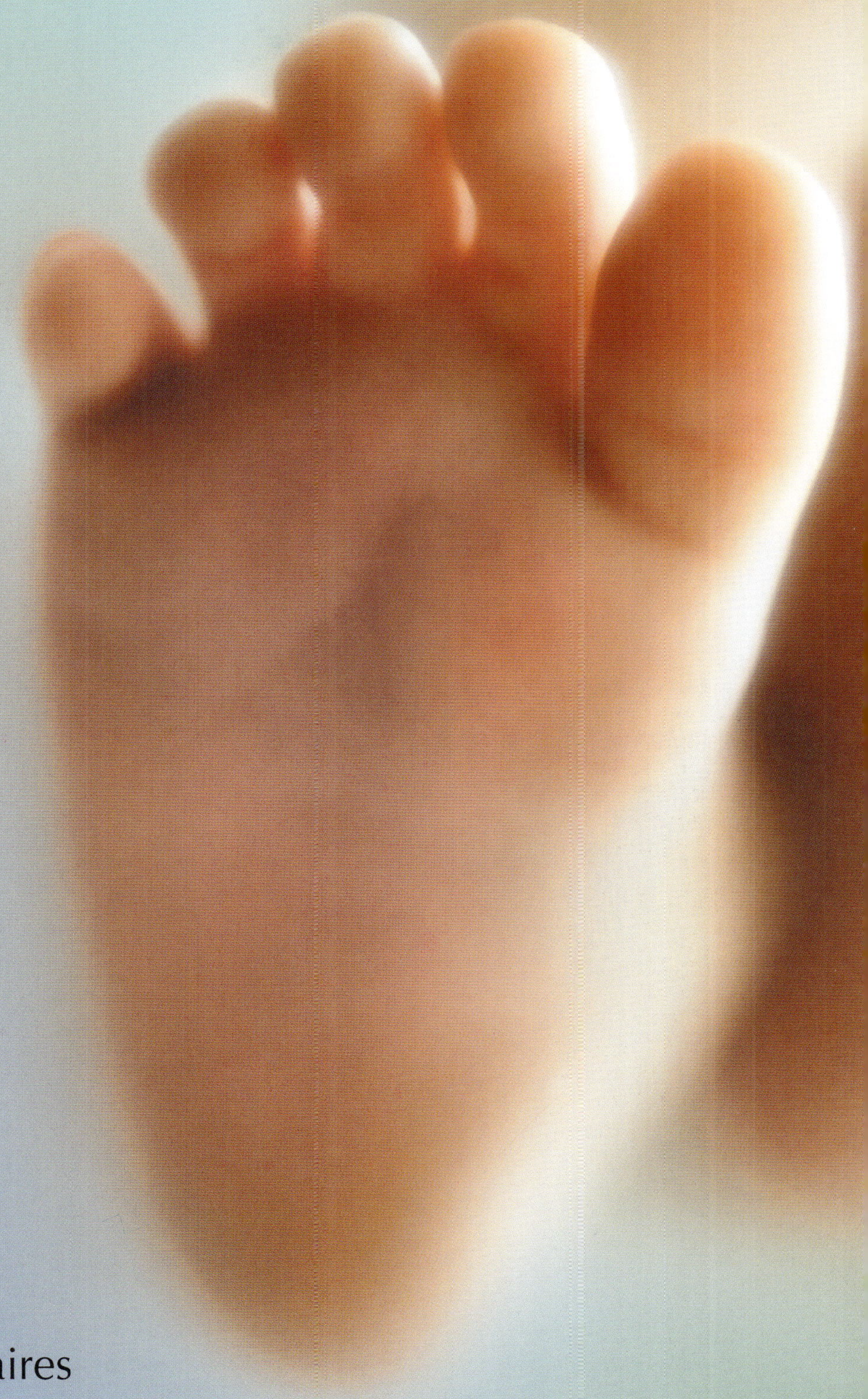

LE CORPS HUMAIN

Le corps humain peut être comparé à une machine complexe et fascinante. Il est constitué de milliards de minuscules structures appelées cellules, groupées sous forme de tissus qui forment à leur tour des organes, comme le cœur. Les transformations qui ont lieu dans le corps sont, pour la plupart, contrôlées par le cerveau et le système nerveux. Ce livre permet de découvrir de nombreux aspects du corps humain ainsi que la façon de le garder en bonne santé.

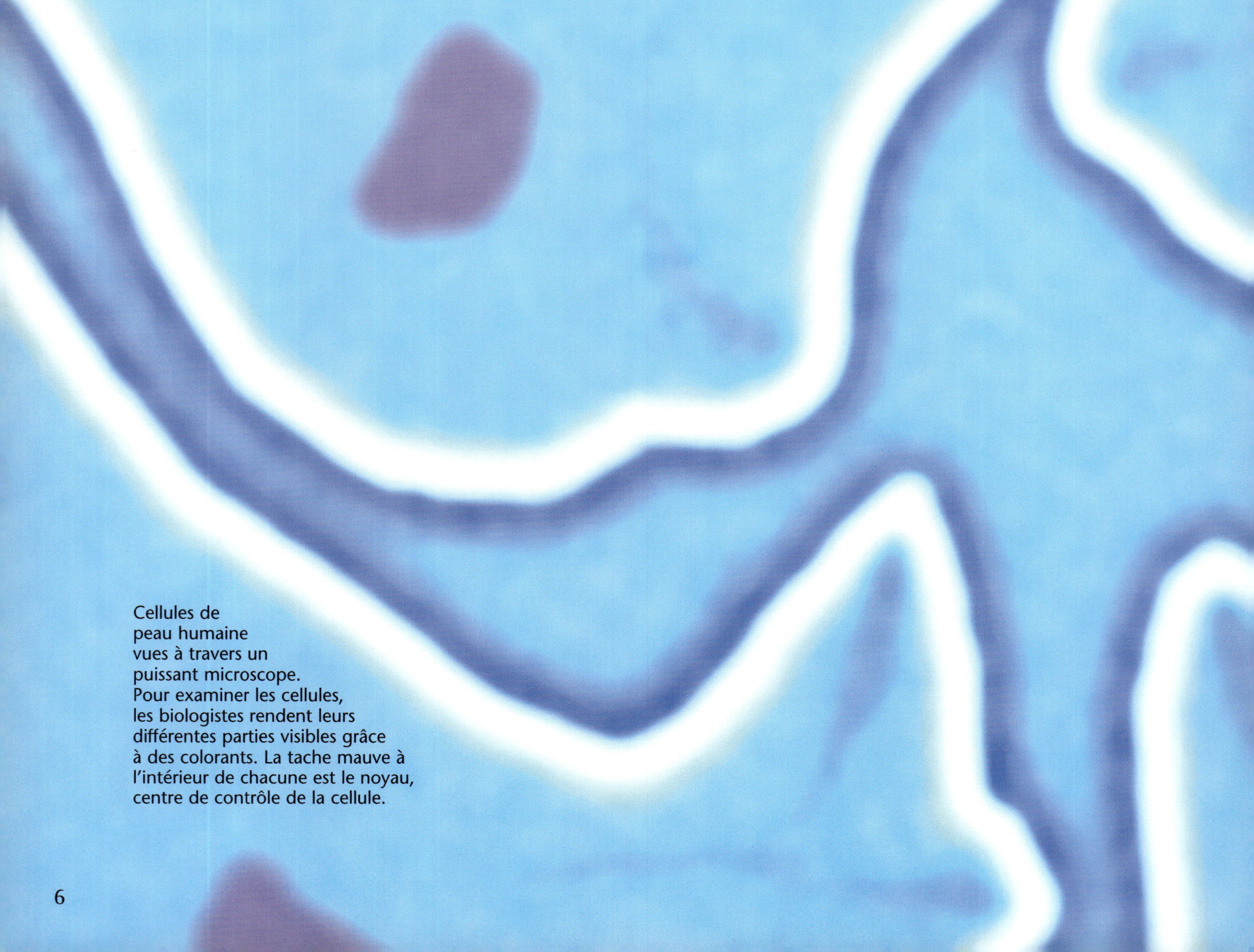

Cellules de peau humaine vues à travers un puissant microscope. Pour examiner les cellules, les biologistes rendent leurs différentes parties visibles grâce à des colorants. La tache mauve à l'intérieur de chacune est le noyau, centre de contrôle de la cellule.

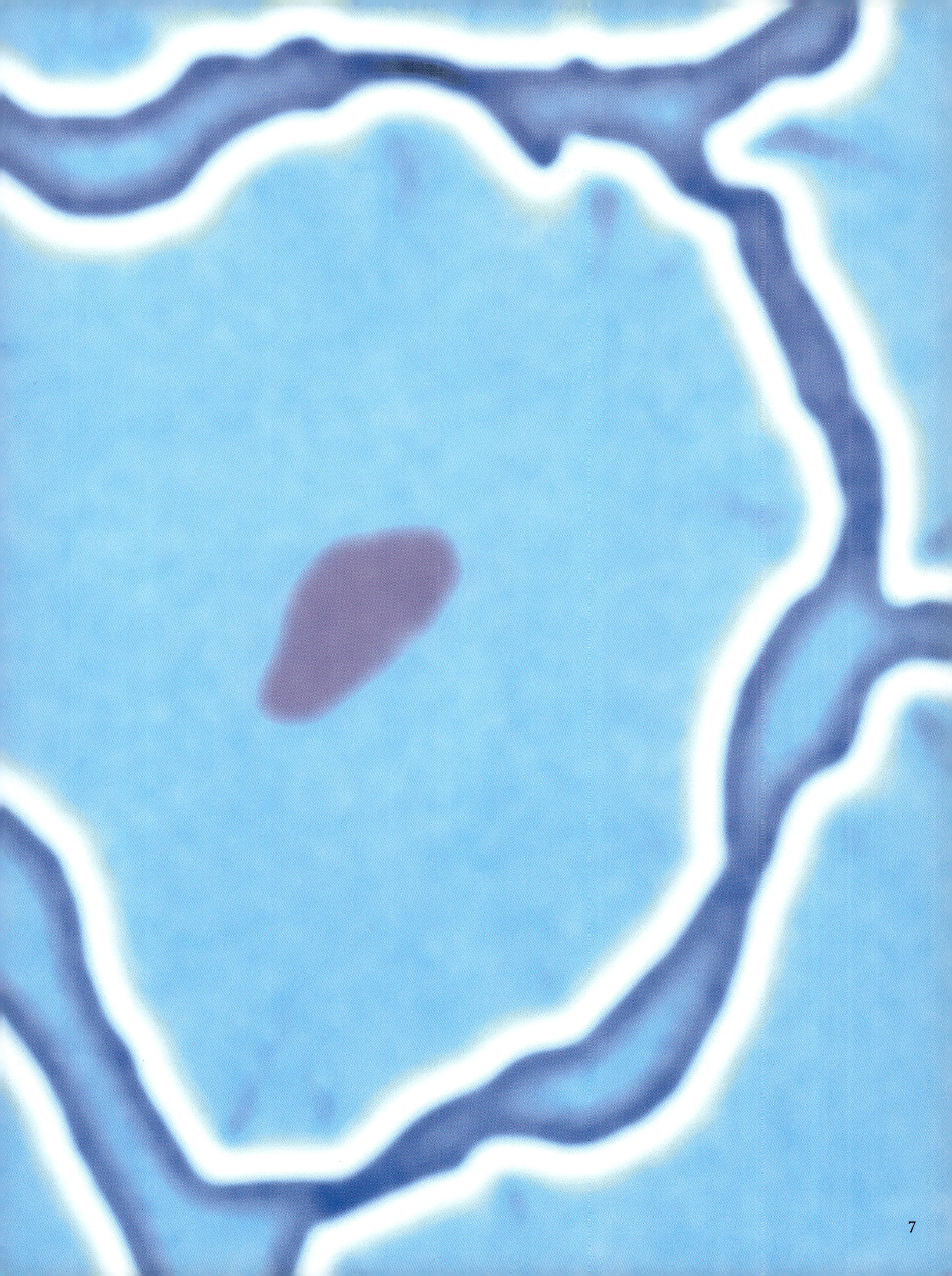

LES CELLULES

Tout organisme vivant est formé d'une ou plusieurs unités minuscules, les **cellules.** Tous les processus nécessaires à la vie, comme transformer la nourriture en énergie ou éliminer les déchets, se produisent à l'intérieur des cellules.

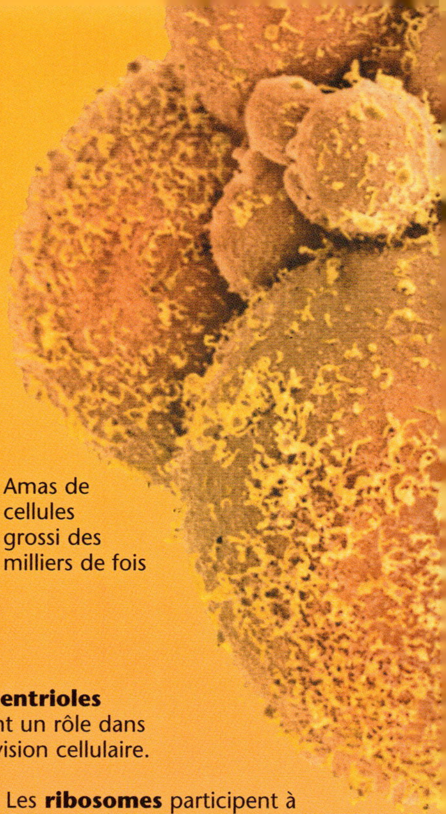

Amas de cellules grossi des milliers de fois

LES ÉLÉMENTS DE LA CELLULE

Il existe de nombreuse sortes de cellules, chacune étant vouée à une tâche différente, mais la plupart partagent certaines caractéristiques.

Les cellules contiennent un certain nombre de petits éléments, les **organites**, dont les fonctions sont variées. Le plus gros et le plus important est le **noyau**. C'est lui qui contrôle l'activité de la cellule. Le noyau est délimité par une enveloppe à double épaisseur, la **membrane nucléaire**, et contient une sorte de gel, le **suc nucléaire**.

Toutes les cellules sont protégées par une **membrane cellulaire** qui retient leur contenu. Cette membrane est semi-perméable, ce qui signifie que certaines substances peuvent la traverser mais pas d'autres.

Le **cytoplasme** constitue le reste de la cellule. La membrane cellulaire, le noyau et le cytoplasme forment le **protoplasme**.

Organites contenus dans une cellule animale typique (l'échelle n'est pas respectée)

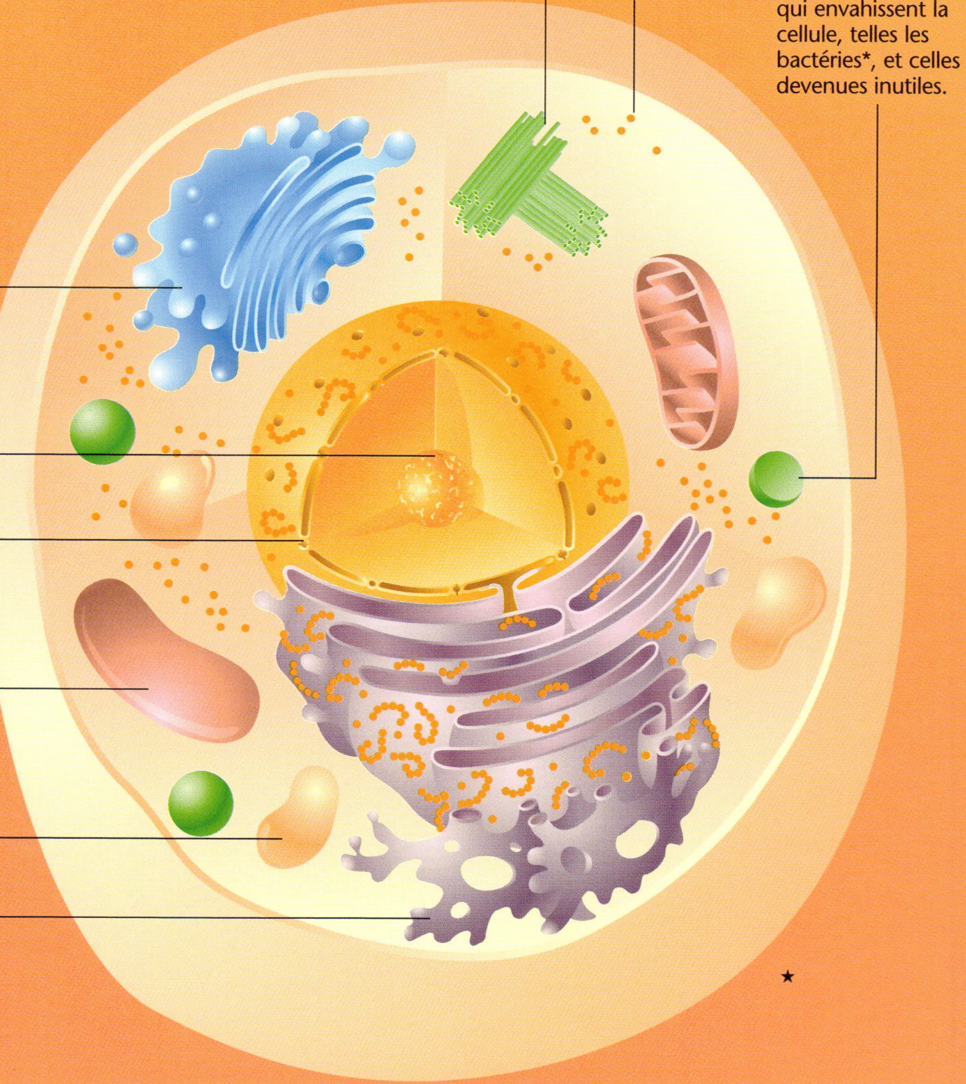

Les **centrioles** jouent un rôle dans la division cellulaire.

Les **ribosomes** participent à l'élaboration de substances appelées **protéines**, qui sont nécessaires à toutes les fonctions cellulaires.

Les **lysosomes** détruisent les particules étrangères qui envahissent la cellule, telles les bactéries*, et celles devenues inutiles.

L'**appareil de Golgi** stocke et transporte les substances fabriquées dans la cellule.

Le **nucléole** fabrique les ingrédients des ribosomes.

Noyau. La membrane nucléaire possède des orifices minuscules, appelés **pores nucléaires**, qui peuvent s'ouvrir ou se fermer pour permettre le passage des substances.

Les **mitochondries** transforment les substances nutritives en énergie utilisable par la cellule.

Les **vacuoles** sont de petites cavités temporaires du cytoplasme qui servent à stocker les liquides ou les graisses.

Le **réticulum endoplasmique**, constitué d'un réseau de conduits, joue un rôle important dans l'élaboration et le transport des substances.

*Bactéries, 48.

Ces cellules se développent et se divisent. Beaucoup se reproduisent elles-mêmes pour croître et remplacer celles qui s'usent naturellement.

LA DIVISION CELLULAIRE

Les cellules s'usent et meurent sans cesse, et de nouvelles doivent les remplacer. Elles fabriquent des copies d'elles-mêmes en se divisant en deux cellules identiques, les **cellules filles**.

Les étapes de la division cellulaire

LES BRIQUES DU VIVANT

Les différentes sortes de cellules ont toutes une fonction bien spécifique, que l'on appelle la **spécialisation**. Selon leur rôle, les cellules varient en forme et en taille.

Les cellules d'un même type se combinent pour former les **tissus**. Par exemple, les **cellules épithéliales** sont allongées et perméables aux substances. Elles forment un tissu appelé **épithélium**, idéal pour tapisser des organes, comme les intestins, car les gaz et les liquides peuvent les traverser facilement.

Cellules épithéliales

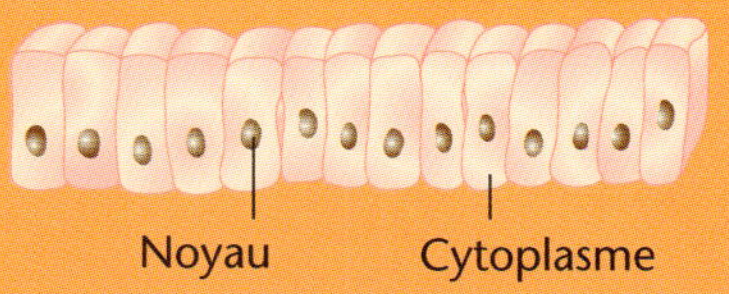

Les **organes**, comme l'estomac ou les intestins, sont formés de différents types de tissus.

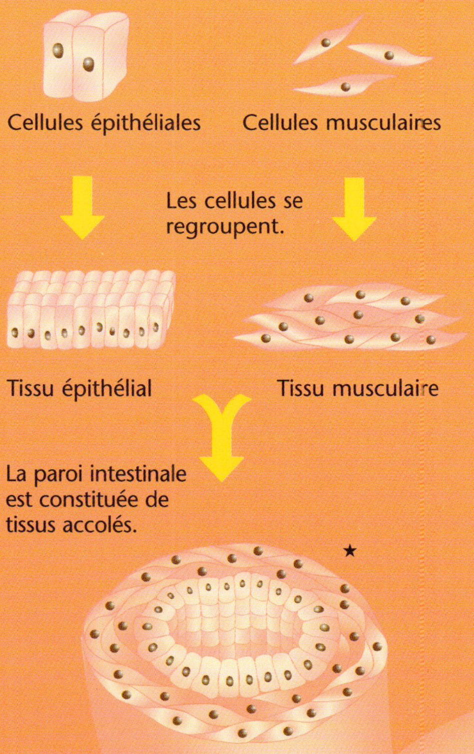

LES SYSTÈMES

Un groupe d'organes ayant une fonction particulière est appelé un **système**. Par exemple, le système digestif décompose la nourriture en substances simples. Le système digestif humain (voir pages 18-19) se compose de quatre organes principaux : l'estomac, le foie, le pancréas et les intestins.

Les organes du système digestif

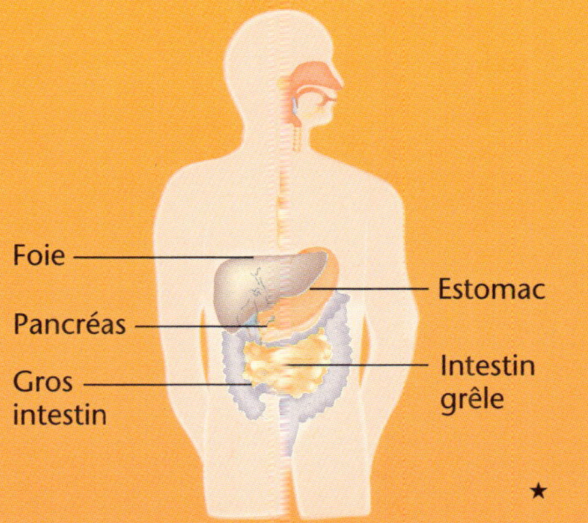

L'homme possède aussi d'autres systèmes, dont un squelette qui supporte le corps (voir pages 10-11), et un système circulatoire, qui est chargé de faire circuler le sang (voir pages 14-15). Chez l'homme comme chez l'animal, l'ensemble des systèmes forme un être vivant particulier, ou **organisme**.

Liens Internet

Pour les liens vers ces sites, connecte-toi à : **www.usborne-quicklinks.com/fr**

Site 1
Pour te documenter sur la cellule en général. Tu retrouveras des termes expliqués sur ces deux pages.

Site 2
Une cellule animale observée au microscope : en cliquant avec la souris sur les différentes parties, tu obtiens une fiche explicative sur la partie concernée.

Site 3
Les principales phases de la division cellulaire : amuse-toi à remettre les images et les légendes dans l'ordre.

Site 4
Quelques questions pour tester tes connaissances sur la division cellulaire.

LE SQUELETTE

Le **squelette** est la charpente osseuse qui supporte le corps et lui donne sa forme. Il protège les parties délicates, tel le cœur, et offre des surfaces dures où les muscles peuvent s'accrocher, permettant ainsi les mouvements.

DIFFÉRENTS TYPES D'OS

En fonction de leur forme, les os du squelette peuvent être divisés en quatre types principaux.

Les **os plats**, comme les omoplates et les côtes, assurent la protection et procurent des surfaces de fixation aux muscles.

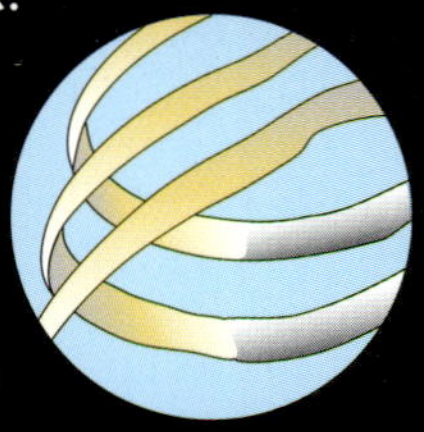

Côtes

Les **os courts** ont des formes arrondies et assez régulières. Ils composent les poignets (carpes) et les chevilles (tarses).

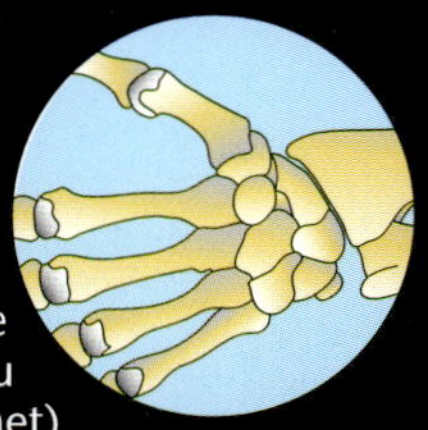

Carpe (os du poignet)

Les **os irréguliers** ont des formes compliquées qui ne rentrent dans aucun des autres types, comme les vertèbres, par exemple.

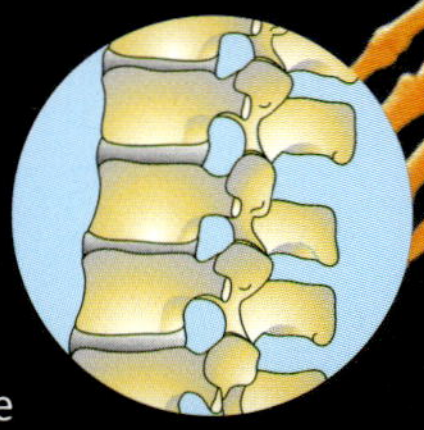

Colonne vertébrale

Les **os longs** sont très allongés et légèrement incurvés, ce qui les rend plus solides. Les os des membres et des doigts sont des os longs.

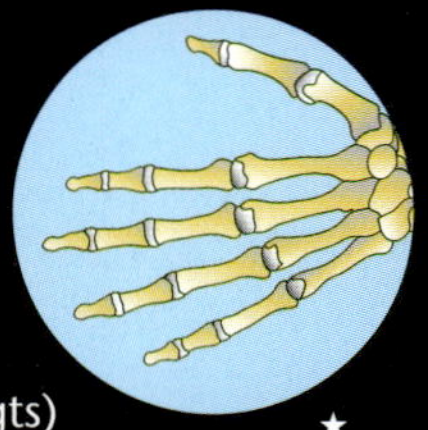

Phalanges (os des doigts)

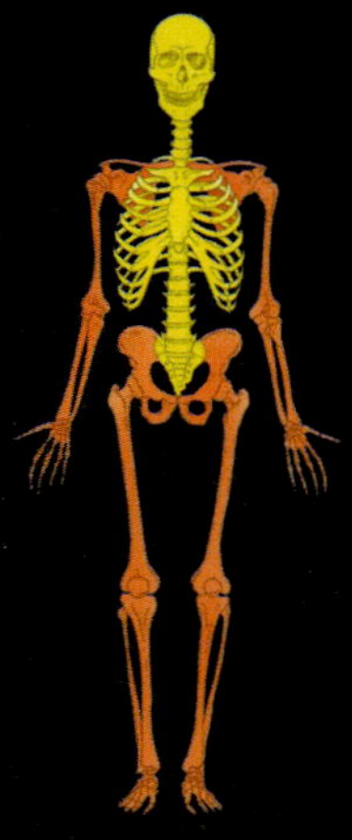

LES PARTIES DU SQUELETTE

Le squelette se divise en deux parties. Le **squelette axial** (en jaune) est constitué des os du crâne, de la colonne vertébrale et de la cage thoracique. Ces os peuvent être placés sur une ligne imaginaire ou autour d'elle dans l'axe du corps. Le **squelette appendiculaire** (en orange) se compose des os situés de part et d'autre de cette ligne : bras, jambes, épaules et bassin.

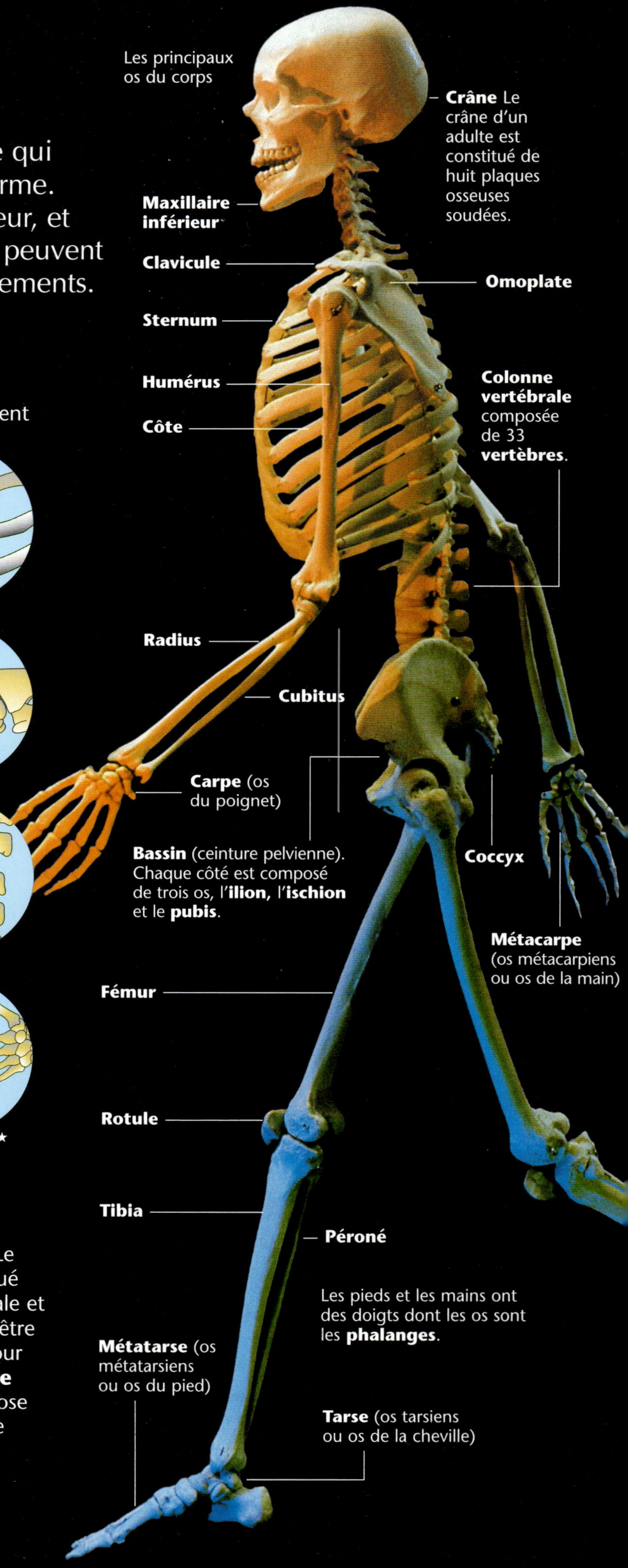

LES DIFFÉRENTS TYPES D'ARTICULATION

Les **articulations** se trouvent à la jointure des os. Si certaines, comme celles du crâne, sont soudées, la plupart sont mobiles. Les principaux types d'articulations mobiles figurent ci-dessous. On les appelle **articulations synoviales**, car elles contiennent un liquide lubrifiant, la **synovie**.

La hanche est une **articulation de type rotule**. Le fémur a une extrémité sphérique qui s'emboîte dans une cavité du bassin, ce qui permet à la jambe de bouger dans plusieurs directions.

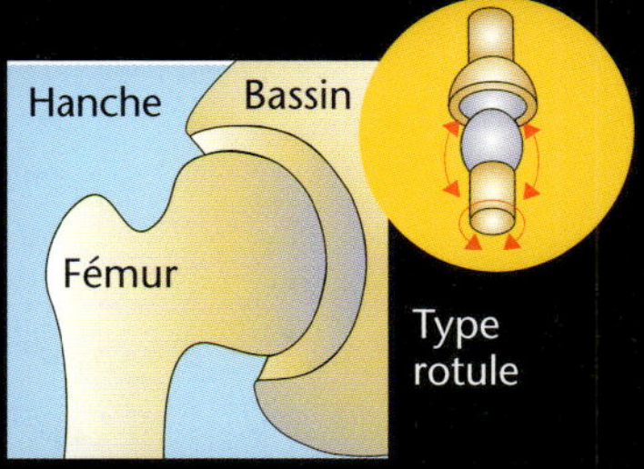

Le genou fonctionne comme une charnière. Il peut être plié sur un seul axe, de haut en bas, par exemple. Cette articulation est de **type charnière**.

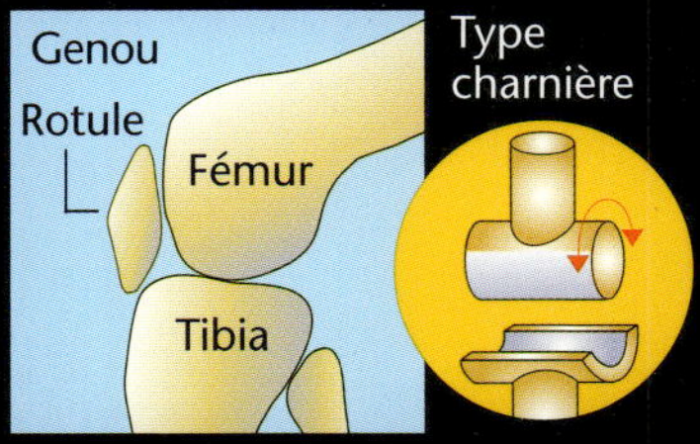

Le poignet présente une articulation de **type selle**. Les surfaces osseuses en contact sont plates et les os peuvent bouger de côté et d'avant en arrière.

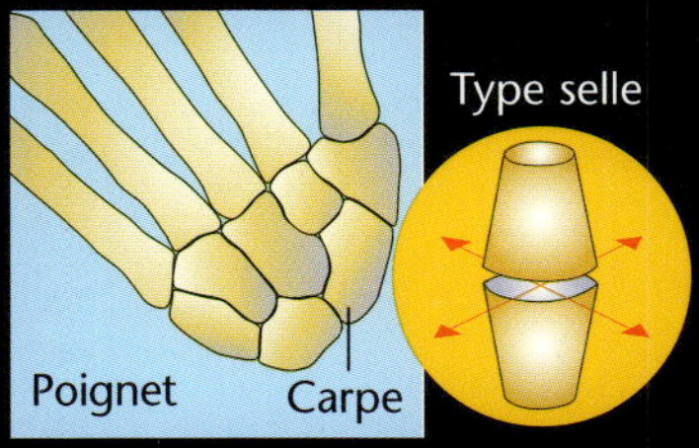

L'articulation des deux vertèbres cervicales supérieures, de **type pivot**, permet à la tête de tourner de droite à gauche. L'extrémité d'un os tourne dans l'anneau formé par un autre.

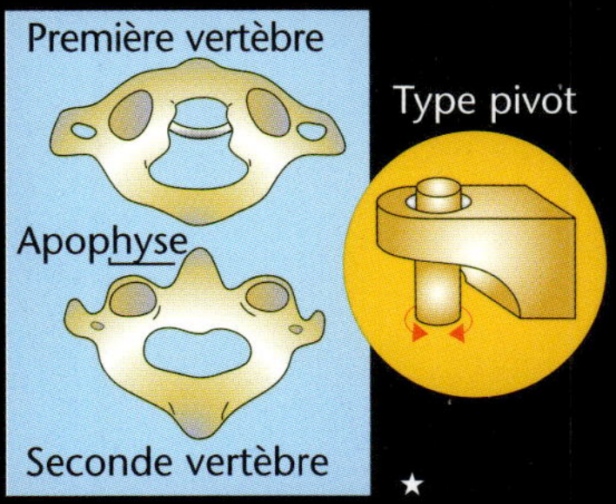

LE SQUELETTE DU BÉBÉ

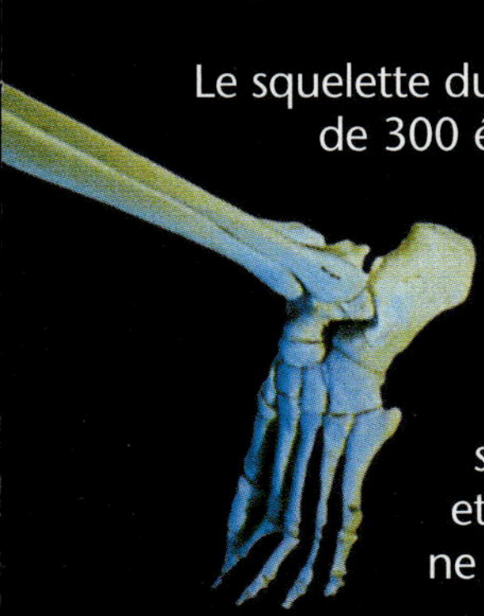

Le squelette du nouveau-né est constitué de plus de 300 éléments, la plupart en **cartilage**, un tissu résistant et élastique. Avec le temps, le cartilage se transforme lentement en os par un processus appelé **ossification.** Pendant la croissance de l'enfant, certains os se soudent pour former des os plus gros et, arrivé à l'âge adulte, son squelette ne comporte plus que 206 os distincts.

LA STRUCTURE DE L'OS

La surface des os est couverte d'une fine membrane, le **périoste**, qui contient des cellules importantes pour la croissance et la reconstitution du tissu osseux. La structure interne de l'os est faite d'un matériau dur et inerte à base de calcium et de phosphore et abrite des vaisseaux sanguins, des nerfs et des cellules vivantes, les **ostéocytes.**

Coupe d'un fémur

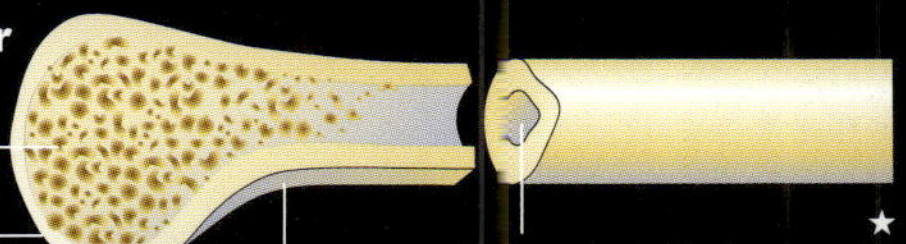

L'**os spongieux** est constitué d'un réseau osseux entrelacé et espacé, les **trabécules**. On trouve ce tissu très résistant dans les os plats et courts et aux extrémités des os longs.

Os spongieux

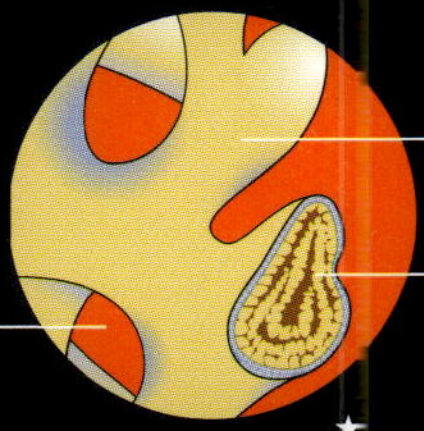

L'**os compact** est fait de couches concentriques d'os dense, les **lamelles**. Il constitue la couche externe de tous les os.

Os compact

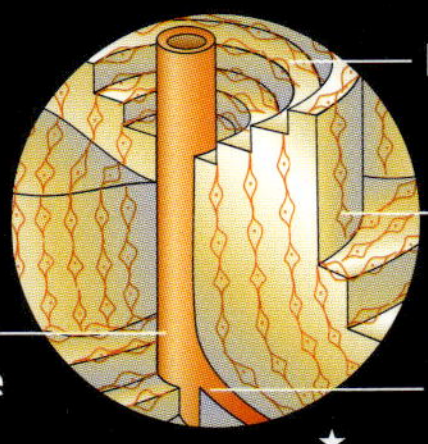

Liens Internet

Pour les liens vers ces sites, connecte-toi à :
www.usborne-quicklinks.com/fr

Site 1
Le système squelettique expliqué aux enfants.

Site 2
Une banque d'images où tu pourras télécharger des photos de parties du squelette humain.

Site 3
Connais-tu l'anatomie ? Avec un quiz à compléter.

LES MUSCLES

Les **muscles** sont des tissus élastiques présents sur tout le corps et qui permettent les mouvements. Les muscles que l'on peut faire agir de façon consciente, tels ceux des bras, sont appelés **muscles volontaires**. Ceux qui travaillent automatiquement, comme le muscle cardiaque, sont dits **involontaires**. Il existe trois types de muscles : cardiaque, squelettiques et lisses.

LES MUSCLES SQUELETTIQUES

Les **muscles squelettiques** du corps humain, au nombre de 640 environ, sont des muscles volontaires généralement reliés au squelette par des cordes de fibres résistantes et élastiques, les **tendons**. Certains sont attachés à la peau, comme les muscles du visage qui permettent différentes expressions.

Lorsqu'un muscle se contracte, il se raccourcit et durcit, entraînant l'os ou la peau. Cependant, les muscles ne peuvent pas pousser, et il faut donc un muscle opposé pour ramener un muscle contracté en position relâchée. Le muscle qui se contracte est appelé **agoniste** et celui qui se relâche, **antagoniste**. Les muscles sont souvent organisés en **paires antagonistes**.

Observe par toi-même

Le **biceps** et le **triceps** du bras sont une paire antagoniste. Place ta main autour de ton bras pendant que tu fléchis et que tu étends ton avant-bras. Tu peux sentir ton biceps et ton triceps qui travaillent comme une paire : l'un se contracte tandis que l'autre se relâche.

Bras étendu

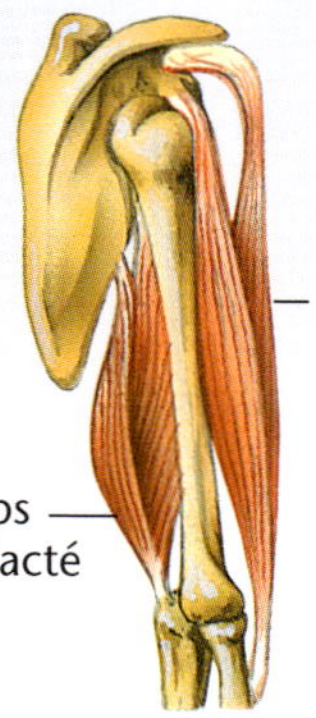

Bras fléchi

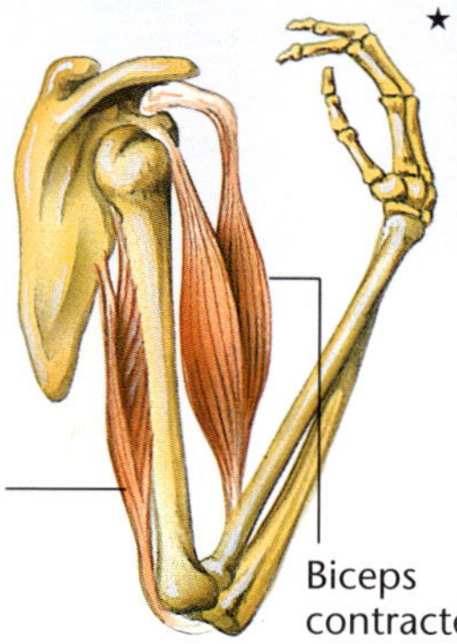

Principaux muscles squelettiques du corps humain

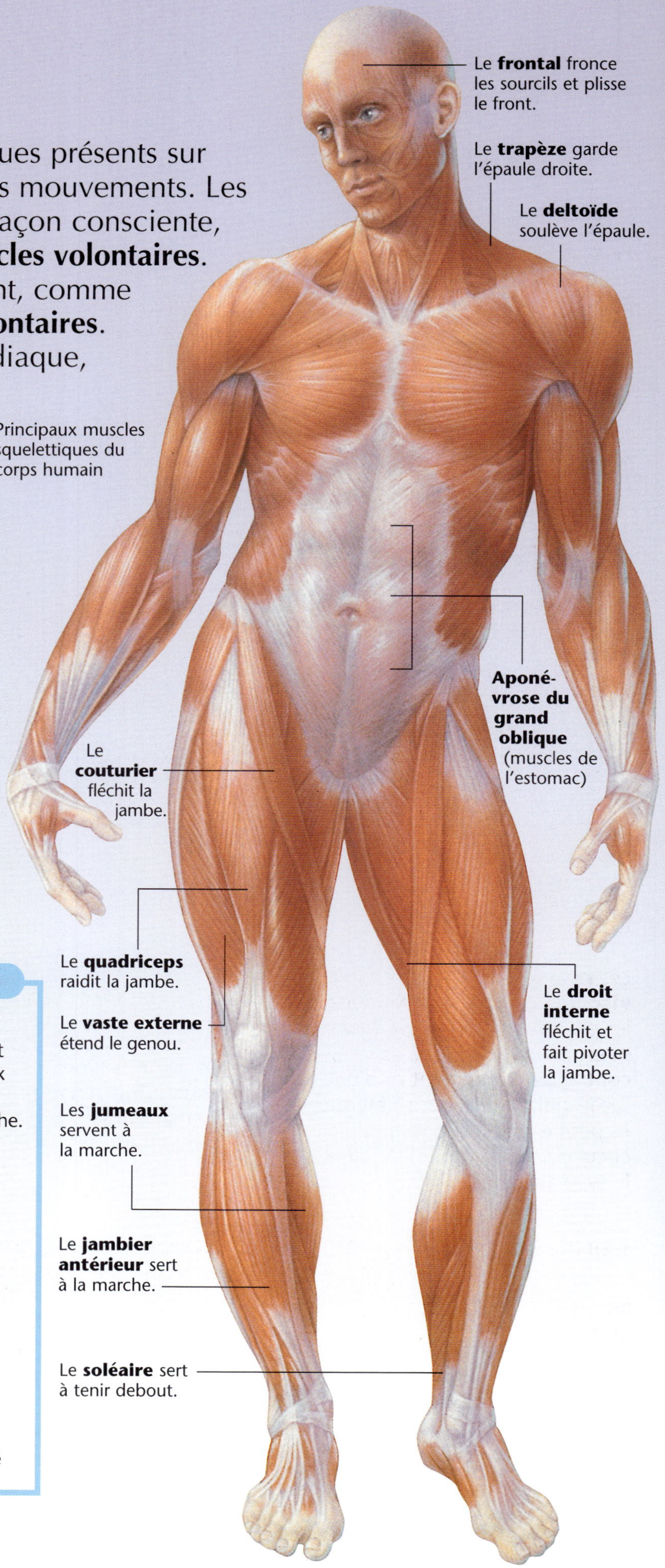

LE MUSCLE CARDIAQUE

Le **muscle cardiaque** (ou **myocarde**) est involontaire et ne se fatigue jamais. Il est constitué de deux parties. La partie supérieure (les oreillettes) se contracte, expulsant le sang vers la partie inférieure (les ventricules), qui se contracte à son tour et envoie le sang dans les artères*.

Fonctionnement du cœur

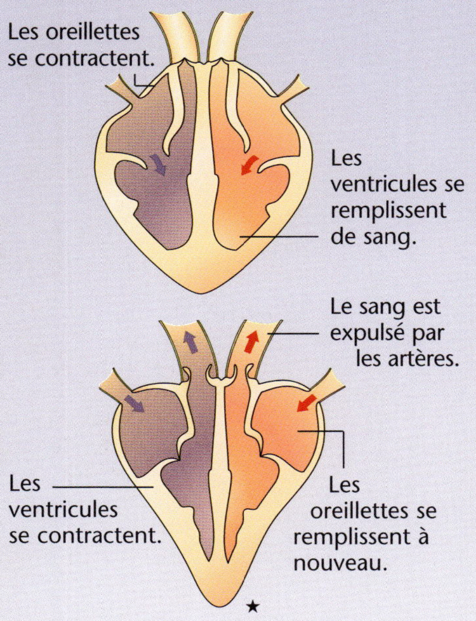

LES MUSCLES LISSES

Les **muscles lisses**, ou **viscéraux**, sont présents dans les parois de nombreux organes internes. Involontaires, ils se contractent lentement et d'une façon rythmique sans se fatiguer. Ils permettent, par exemple, la circulation des aliments à travers le système digestif*.

Section de l'intestin

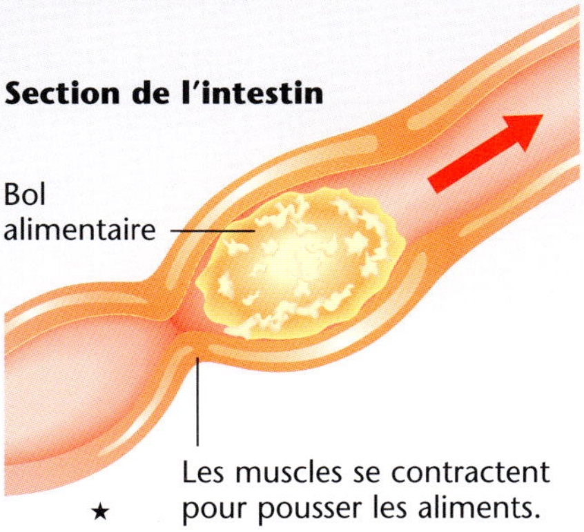

LE TISSU MUSCULAIRE

Les muscles squelettiques sont des muscles **striés**. Les longues cellules cylindriques qui les constituent sont appelées **fibres musculaires**, ou **myofibres**.

Les fibres musculaires, réunies en **faisceaux,** sont composées de **myofibrilles**. Les myofibrilles contiennent un réseau de filaments fins et épais, les **myofilaments**, faits de protéines : **myosine** pour les épais et **actine** pour les fins.

Lorsqu'un muscle se contracte, ses filaments glissent les uns vers les autres. Il se raccourcit et s'épaissit.

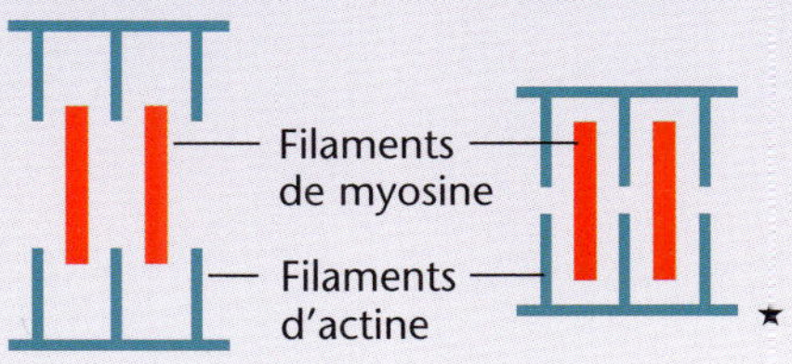

Les filaments glissent les uns vers les autres.

Les fibres musculaires striées sont de deux types. Les **fibres à contraction lente** se contractent lentement avec peu de dépense d'énergie et peuvent agir longtemps sans se fatiguer. Les **fibres à contraction rapide** se contractent vite en utilisant beaucoup d'énergie. Elles engendrent des mouvements courts et puissants, mais se fatiguent vite.

Muscles du cou : supportent la tête, contiennent beaucoup de fibres à contraction lente.

Muscles du bras : utilisés pour lancer, renferment de nombreuses fibres à contraction rapide.

Structure d'un muscle squelettique

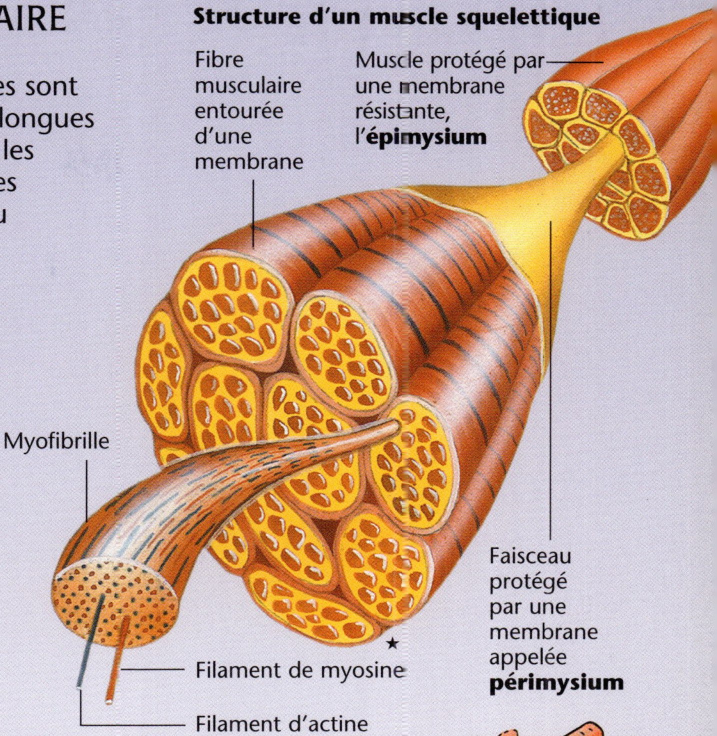

Le myocarde est fait d'un type de tissu musculaire strié, le **tissu musculaire cardiaque**, qui est constitué de fibres en Y entrecroisées.

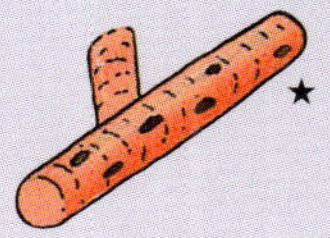

Fibre musculaire cardiaque

Les muscles lisses sont faits de fibres musculaires courtes en forme de fuseau, réunies en **feuilles musculaires**.

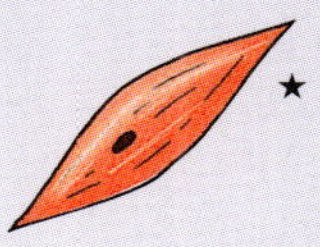

Fibre musculaire lisse

Liens Internet

Pour les liens vers ces sites, connecte-toi à : **www.usborne-quicklinks.com/fr**

Site 1
Surfe sur le lien de ce site consacré au système musculaire.

Site 2
L'anatomie des muscles : quelques muscles squelettiques du corps humain.

Site 3
Un lien qui traite des muscles et des mouvements.

Site 4
Tu pourras ici te renseigner sur l'anatomie du cœur.

*Artères, 15 ; Système digestif, 18.

LE SYSTÈME CIRCULATOIRE

Le **système circulatoire** transporte des substances, tels éléments nutritifs et oxygène, dans le corps et emporte les déchets. Il comprend trois parties principales : le **sang**, un liquide chargé des échanges de ces substances avec les cellules ; un réseau de canaux, les **vaisseaux sanguins**, qui permet au sang de circuler ; le **cœur**, qui pompe le sang à travers le corps.

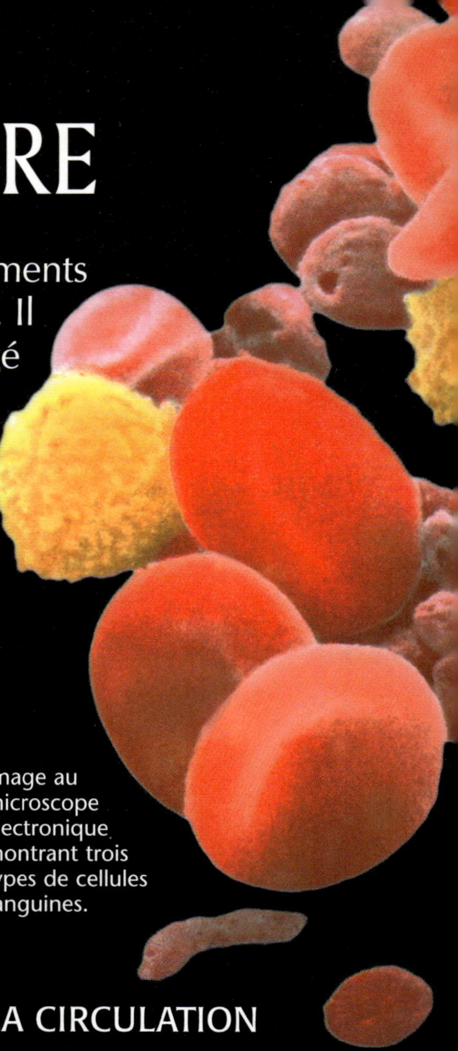

Image au microscope électronique montrant trois types de cellules sanguines.

LE CŒUR

Le cœur est là.

Le muscle cardiaque, contrairement aux autres muscles, ne se fatigue jamais. Il est divisé en quatre cavités, les **chambres cardiaques** : deux **oreillettes supérieures** et deux **ventricules inférieurs**. Des valvules à sens unique séparent les chambres et permettent au sang de circuler dans le bon sens. Elles sont munies d'un système de fermeture, les **cuspides**. Lorsque le sang traverse une valvule, il force les cuspides à s'ouvrir. Puis celles-ci se referment et empêchent le sang de refluer. C'est la fermeture des valvules qui engendre le bruit typique de battement du cœur.

La circulation du sang dans le cœur

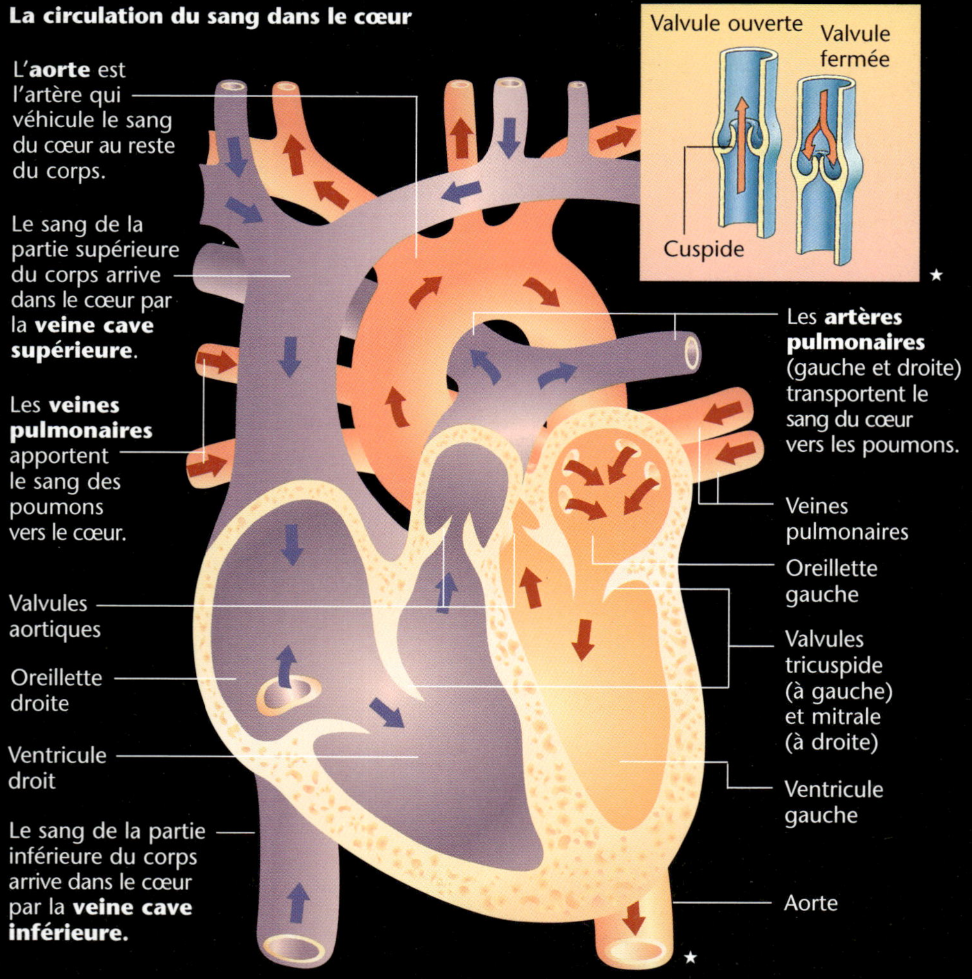

LA CIRCULATION

Au cours d'une circulation complète à travers le corps, le sang passe deux fois par le cœur. Il est d'abord pompé par le côté droit du cœur vers les poumons, où il se charge de l'oxygène de la respiration. Il retourne alors dans le côté gauche pour être envoyé vers le reste du corps, qu'il approvisionne en oxygène. Le sang appauvri en oxygène retourne vers le cœur et le cycle recommence.

Schéma de la circulation sanguine

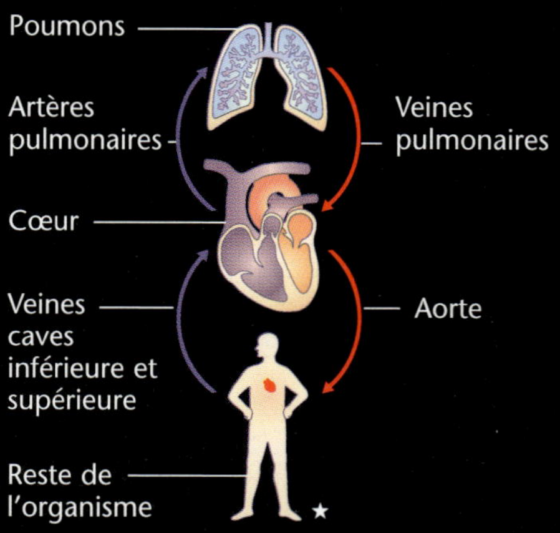

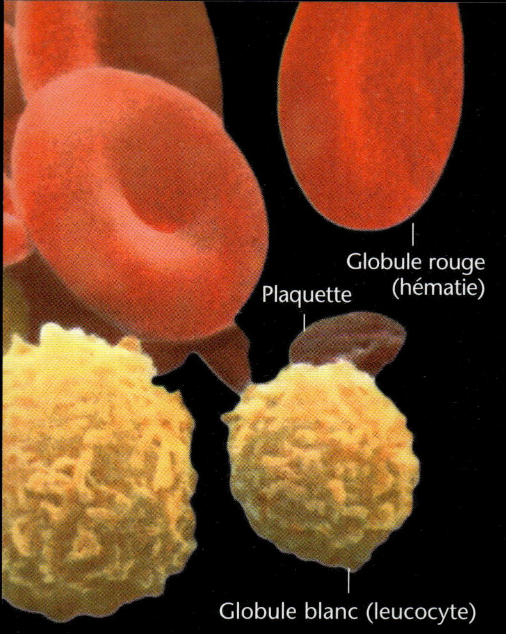

LES VAISSEAUX SANGUINS

Le sang quitte le cœur par d'épais vaisseaux, les **artères**. Celles-ci se ramifient de plus en plus finement pour se terminer en microscopiques **capillaires**. De l'épaisseur d'une cellule, la paroi des capillaires permet à l'oxygène et aux autres substances de passer facilement dans le **fluide tissulaire** baignant les cellules.

Les vaisseaux sanguins

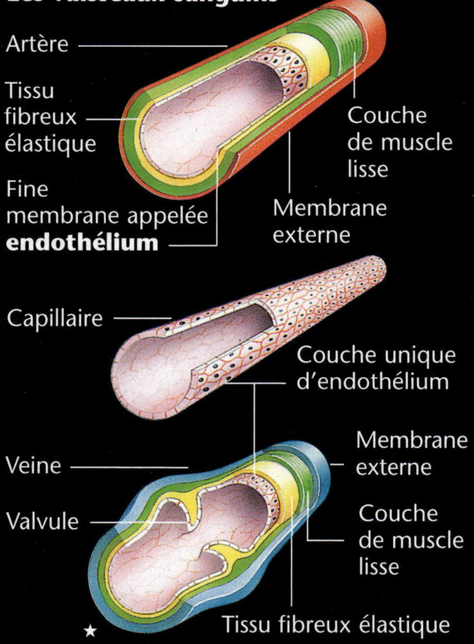

Le fluide tissulaire prend en charge les substances entre sang et cellules. Le gaz carbonique et certains déchets passent dans les capillaires, qui se rassemblent pour former des vaisseaux plus gros, les **veines**. Elles ramènent le sang vers le cœur.

LE SANG

Le sang est constitué de globules rouges, de globules blancs et de plaquettes flottant dans un liquide jaune pâle, le **plasma**. Un adulte de taille moyenne possède cinq litres de sang. Hormis le transport des substances, le sang aide également à combattre les infections, cicatriser les plaies et réguler la température du corps.

Composition du sang

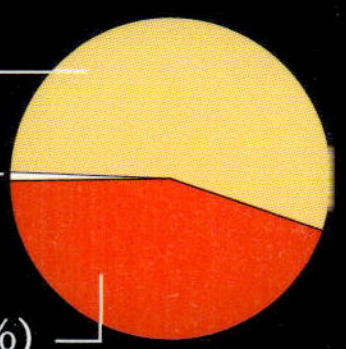

Les **globules rouges**, ou **hématies**, sont des cellules de forme biconcave contenant une substance rouge, l'**hémoglobine**. Lorsque le sang traverse les poumons, l'oxygène se combine avec l'hémoglobine pour former l'**oxyhémoglobine**, qui est rouge clair. Au fur et à mesure de la distribution de l'oxygène dans le corps, l'oxyhémoglobine redevient de l'hémoglobine.

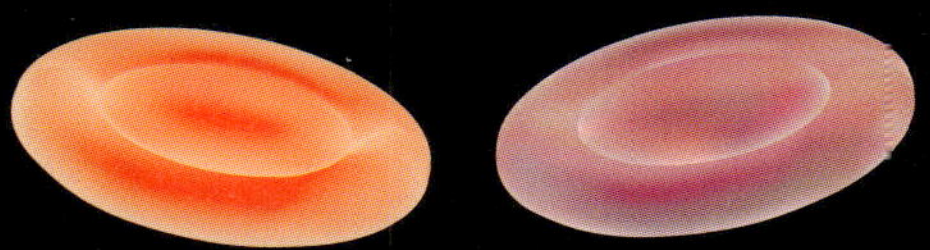

La forme biconcave et arrondie des globules rouges favorise leur circulation dans les minuscules capillaires.

Les globules rouges s'usent en quatre mois et sont remplacés par des nouveaux, qui sont fabriqués dans la moelle osseuse* au rythme de deux millions par seconde.

Les **globules blancs** sont plus gros que les rouges. Ils aident l'organisme à se défendre contre les infections (voir aussi page 49).

Les **plaquettes** sont des petites cellules sans noyau qui jouent un rôle dans la coagulation du sang en cas de blessure.

LA COAGULATION

La plupart des plaies mineures saignent un peu, puis le sang coagule : il forme une substance gélatineuse, le **caillot**, constituée de filaments collants de **fibrine** résultant d'une réaction chimique déclenchée par les plaquettes. Le caillot arrête le saignement et empêche les germes de pénétrer dans la plaie.

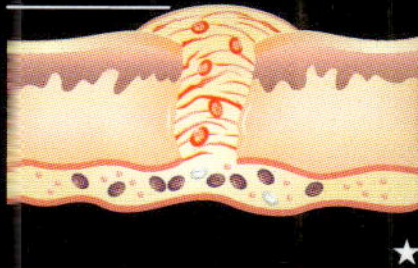

LES GROUPES SANGUINS

Il existe quatre grands groupes sanguins : A, B, O et AB. Ils possèdent différents antigènes* sur la surface des globules rouges, et différents anticorps* dans le plasma. Lors d'une transfusion, le sang du donneur doit être compatible avec le groupe sanguin du receveur.

Groupe sanguin	Antigène	Anticorps	Compatible
A	A	Anti-B	A et O
B	B	Anti-A	B et O
AB	A et B	Aucun	Tous
O	Aucun	Anti-A Anti-B	O seulement

Liens Internet

Pour les liens vers ces sites, connecte-toi à : **www.usborne-quicklinks.com/fr**

Site 1
Une page très complète sur le système cardiovasculaire, où tu peux écouter un cœur battre.

Site 2
Une rubrique sur le sang et l'histoire de la transfusion, avec des explications.

Site 3
En savoir plus sur les groupes sanguins.

Site 4
Observation du sang au microscope.

Anticorps, antigènes, 49 ; Moelle osseuse, 11.

LES DENTS

Les **dents** servent à préparer les aliments pour la digestion*. En les broyant, elles les rendent plus facilement assimilables par l'organisme. Les dents renferment des cellules vivantes, des nerfs et des vaisseaux sanguins, et nécessitent des soins attentifs, faute de quoi elles peuvent se **carier** et même tomber.

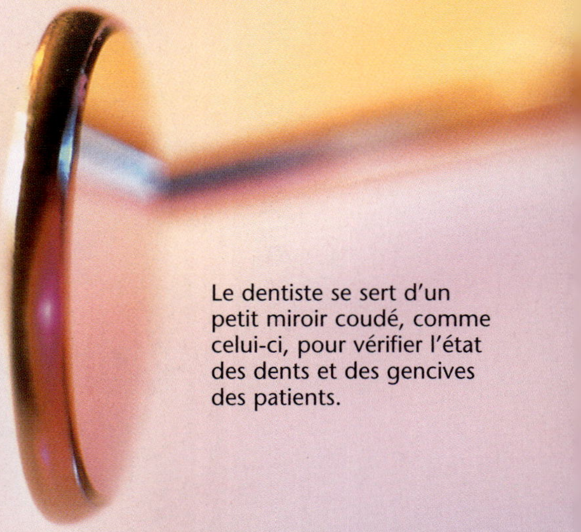

Le dentiste se sert d'un petit miroir coudé, comme celui-ci, pour vérifier l'état des dents et des gencives des patients.

ANATOMIE DE LA DENT

Une dent est constituée de trois parties : la **couronne**, partie visible ; une, deux ou trois **racines** implantées dans des alvéoles de la mâchoire ; le **collet**, jonction entre la couronne et la racine.

Coupe d'une dent

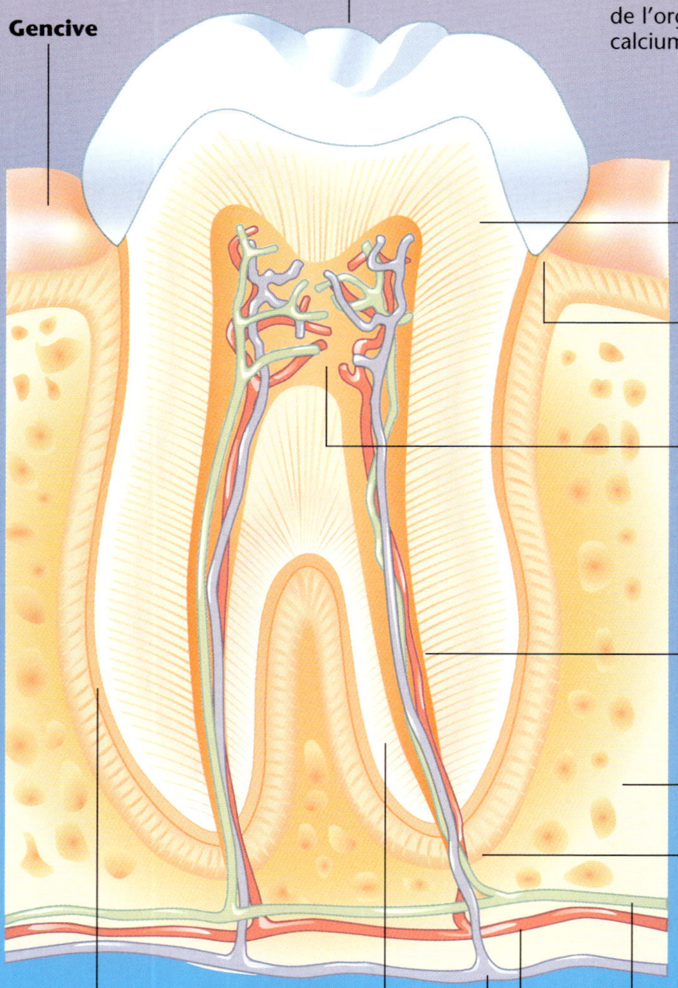

DIFFÉRENTES DENTS

La dentition d'un adulte comporte quatre types de dents, chacun ayant une forme adaptée à une fonction particulière.

Les types de dents

Les **incisives** sont les dents coupantes de devant, utilisées pour mordre et rogner.

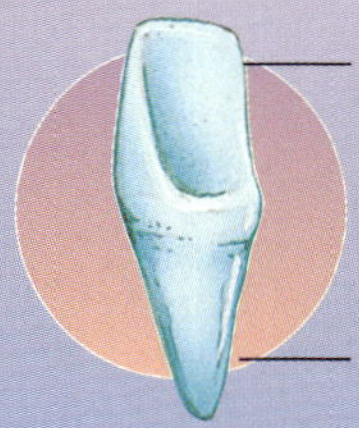

Les **canines**, en forme de cône, servent à percer et à déchiqueter les aliments.

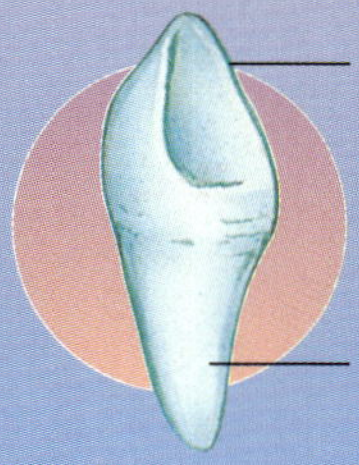

Les **prémolaires** sont des dents larges et aplaties, qui servent à broyer et à écraser.

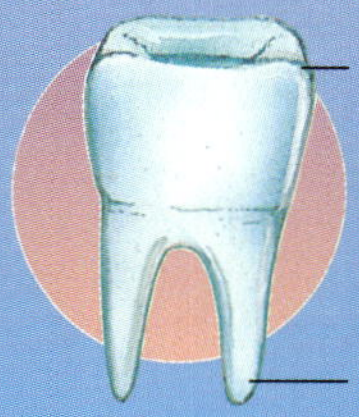

Les **molaires** sont plus grosses que les prémolaires, avec plusieurs tubercules, et ont la même fonction.

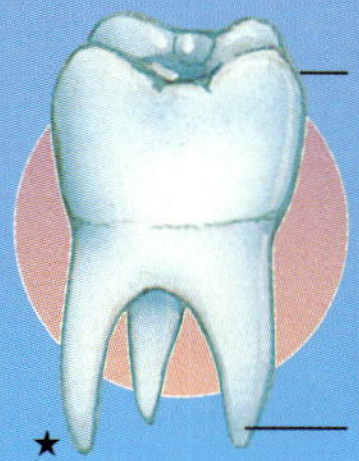

Les **dents de sagesse** sont les troisièmes et dernières molaires à apparaître. Elles poussent au fond de la mâchoire, une à chaque coin, vers l'âge de 17-21 ans.

Digestion, 18.

Cet instrument est une **sonde**. Le dentiste l'utilise pour gratter la plaque dentaire et vérifier si les dents sont cariées.

DEUX DENTITIONS

La **dentition** (ou **denture**) est l'ensemble des dents. Au cours de la vie, chacun de nous développe deux dentitions. La première apparaît progressivement chez un bébé, à partir de l'âge de six mois ; c'est la **dentition temporaire**, composée de 20 dents de lait.

Dents temporaires (dents de lait)

- Incisives
- Canines
- Prémolaires

Il n'y a pas de molaires temporaires.

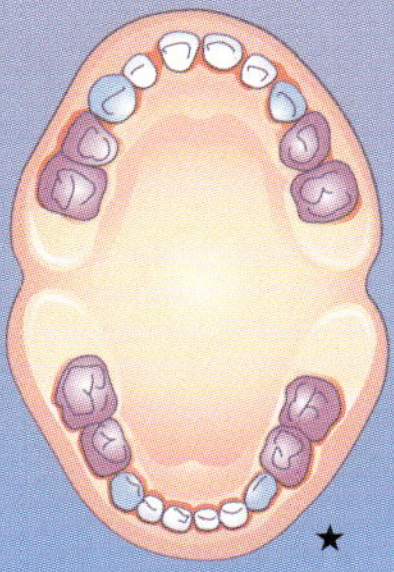

★

Entre 6 et 12 ans, les dents de lait tombent et sont remplacées par des **dents permanentes**, en général au nombre de 32, bien que certaines personnes puissent en avoir en plus ou en moins.

Dents permanentes (ou définitives)

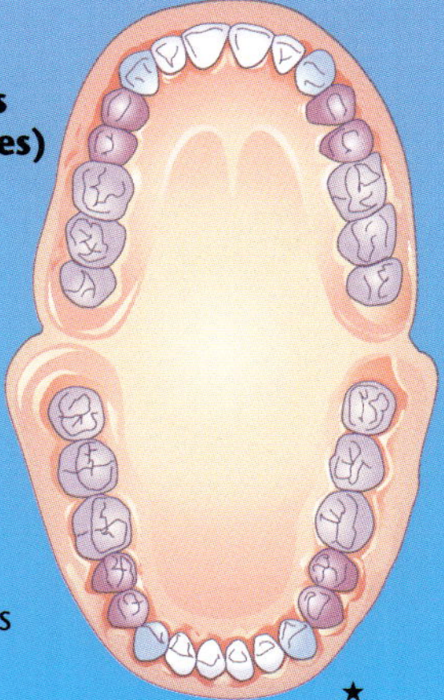

- Incisives
- Canines
- Prémolaires
- Molaires

★

LES CARIES DENTAIRES

La bouche abrite des bactéries, sortes de micro-organismes. Pour peu qu'elles trouvent des aliments sucrés, elles se multiplient très vite et forment une substance collante, la **plaque dentaire**, qui se dépose sur les dents sous la forme d'un film.

En se nourrissant des aliments restés entre les dents, les bactéries produisent un acide qui dissout l'émail et engendre une carie. La dent devient douloureuse et finit par être détruite. Voici les étapes d'une carie.

1. Les bactéries se nourrissent des sucres collés sur les dents. L'acide qu'elles produisent dissout l'émail.

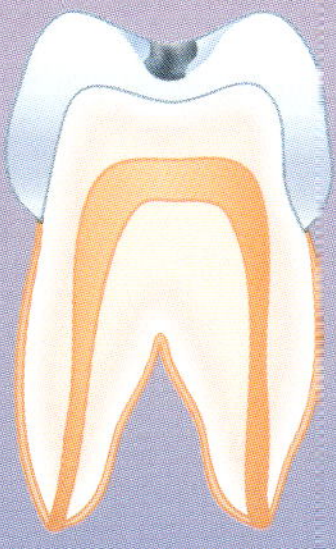

2. Si l'émail n'est pas rebouché par le dentiste, l'acide perfore la dentine.

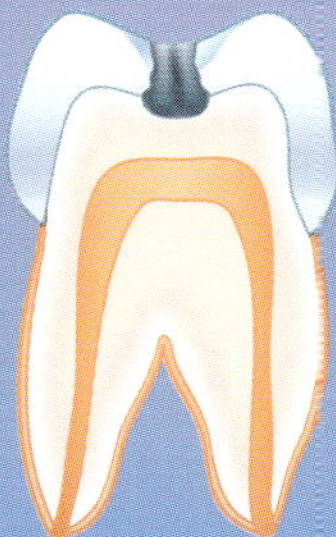

3. Lorsque la carie atteint la cavité pulpaire et les terminaisons nerveuses, la dent devient douloureuse.

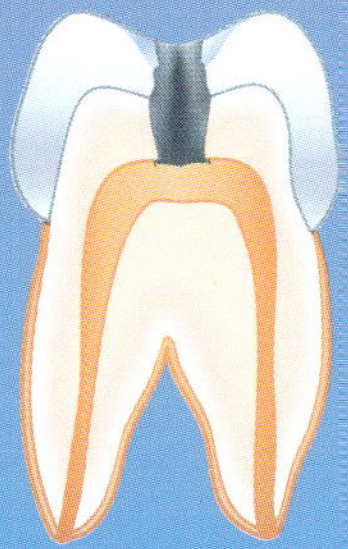

4. Les bactéries de la bouche peuvent alors entrer dans la cavité pulpaire et provoquer une infection des racines et un **abcès** douloureux et purulent.

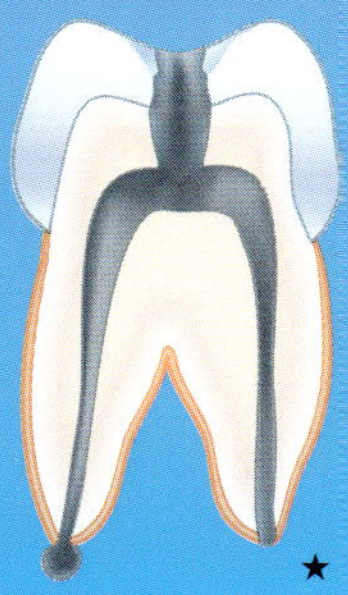

★

Observe par toi-même

Pour mettre en évidence ta plaque dentaire, tu peux utiliser des comprimés détartrants (en pharmacie ou chez ton dentiste). Brosse-toi bien les dents et teste leur propreté avec un comprimé détartrant (voir instructions sur le paquet). Des taches apparaissent là où il reste du tartre ou des aliments qui ne sont pas partis au brossage.

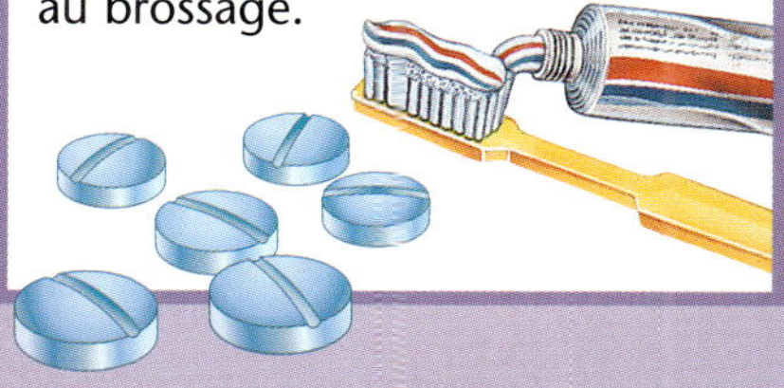

DES DENTS SAINES

Les bactéries buccales provoquent aussi une maladie des gencives, la **gingivite**. Les gencives se mettent à saigner et sans traitement, la maladie se propage au périodonte puis à l'os. Les dents peuvent se déchausser et même tomber.

Pour garder des dents et gencives saines, il faut donc se brosser les dents après chaque repas. De nombreux dentifrices contiennent du **fluor**, un minéral qui rend l'émail moins soluble à l'acide et remplace les minéraux si celui-ci a déjà été attaqué. Il réduit aussi la production d'acide des bactéries.

Liens Internet

Pour les liens vers ces sites, connecte-toi à : **www.usborne-quicklinks.com/fr**

Site 1
Simple et clair : apprendre à soigner ses dents en s'amusant.

Site 2
Pour tout savoir sur les caries et les façons de les traiter.

Site 3
Un lien sur la cavité buccale : la dent, la langue et les glandes salivaires.

Site 4
Tout ce qu'il faut savoir sur les dents, les maladies et comment bien les soigner.

LE SYSTÈME DIGESTIF

Tout au long de leur trajet dans l'organisme, les aliments sont décomposés en particules de plus en plus fines, pour être finalement absorbés par le sang. Ce processus, appelé **digestion**, se déroule dans le **tube digestif**, qui s'étend de la bouche à l'**anus**. Les aliments sont mixés et broyés physiquement, puis chimiquement réduits en particules par les **sucs digestifs** de la vésicule biliaire et du pancréas, des **glandes**.

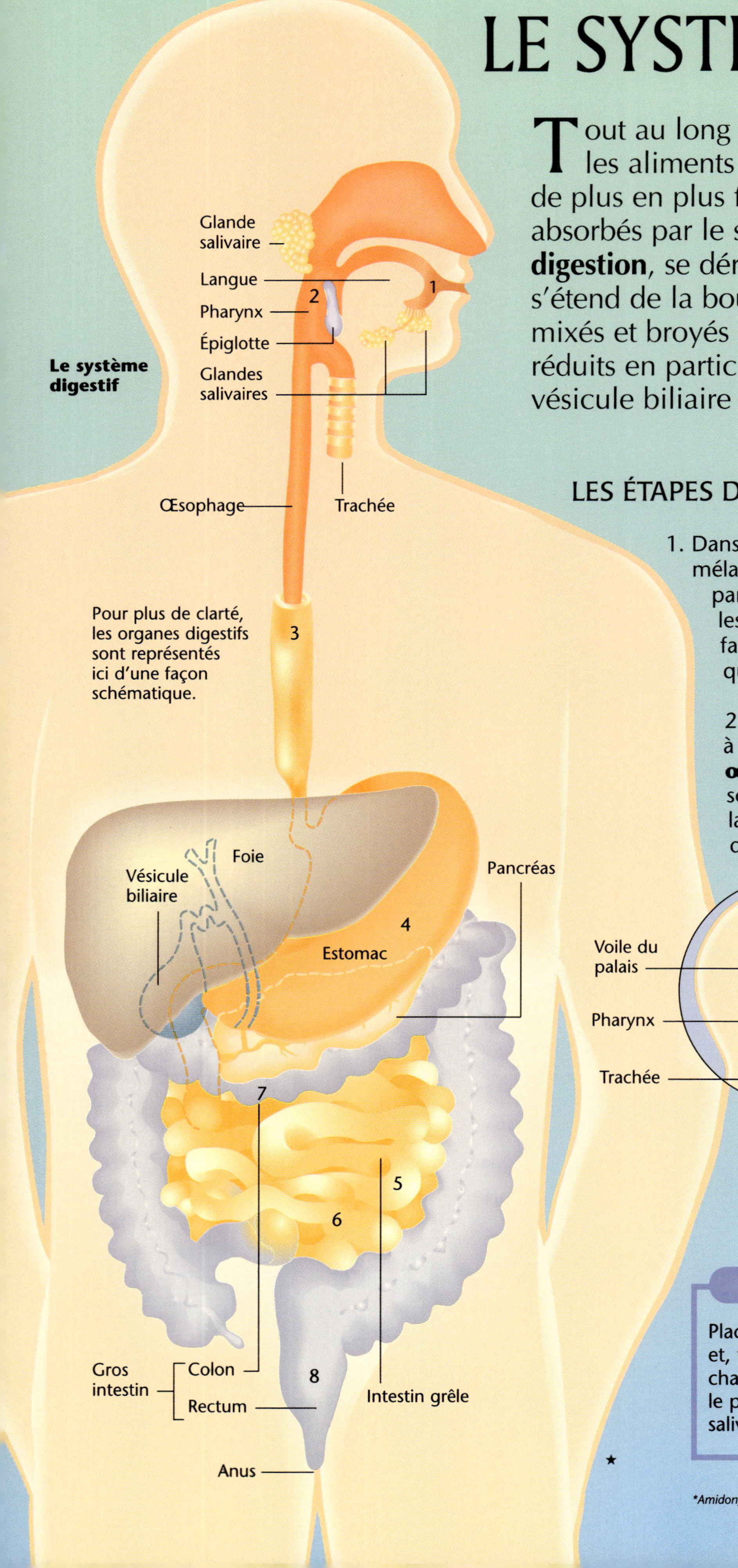

Pour plus de clarté, les organes digestifs sont représentés ici d'une façon schématique.

LES ÉTAPES DE LA DIGESTION

1. Dans la bouche, les aliments sont mâchés et mélangés à un suc digestif, la **salive**, produite par les **glandes salivaires**. La salive humidifie les aliments de façon qu'ils puissent être avalés facilement et prédigère l'amidon* (un glucide) qu'elle transforme en un sucre, le **maltose**.

2. Les muscles de la gorge guident les aliments à travers le **pharynx** jusqu'à un canal appelé **œsophage**. Lors de la déglutition, une petite soupape, l'**épiglotte**, bloque le haut de la **trachée** pour empêcher la nourriture d'y pénétrer.

La déglutition

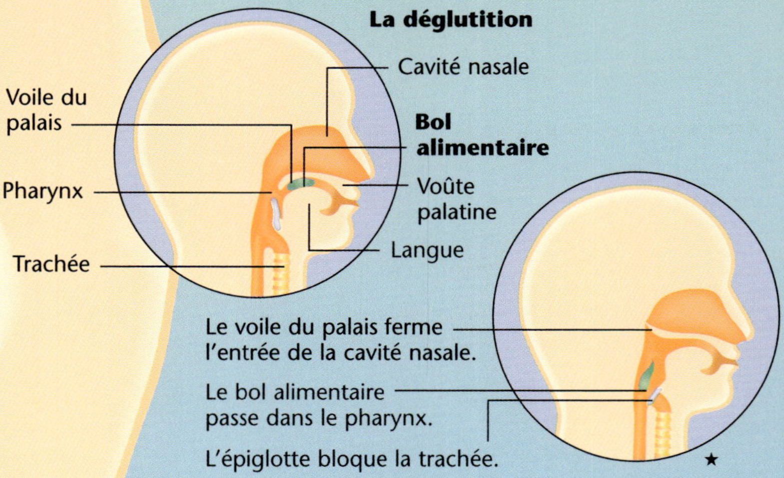

Observe par toi-même

Place un morceau de pain frais dans ta bouche et, tandis que tu le mâches, remarque son changement de goût. En effet, après une minute, le pain te semblera plus sucré : c'est parce que ta salive commence à transformer l'amidon en sucre.

★

*Amidon, 20.

3. Le bol alimentaire descend l'œsophage jusqu'à l'estomac, poussé par les contractions musculaires. Ce processus, appelé **péristaltisme**, se déroule tout le long du tube digestif.

4. Dans l'**estomac**, les aliments sont malaxés avec des **sucs gastriques** qui commencent à digérer les protéines* et à détruire les germes grâce à l'acide chlorhydrique qu'ils contiennent. La muqueuse gastrique (paroi) forme des replis, ou **rugae**, qui s'aplatissent quand l'estomac se remplit.

Estomac

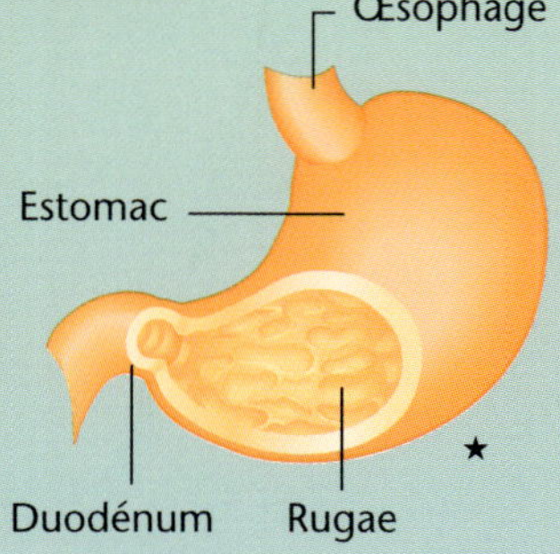

5. Les aliments passent dans l'**intestin grêle**, divisé en trois sections : **duodénum**, **jéjunum** et **iléon**. Dans le duodénum, les sucs digestifs produits par foie et pancréas (voir à droite) digèrent graisses* (lipides), protéines (protides) et amidon* (glucides).

Intestin grêle et gros intestin

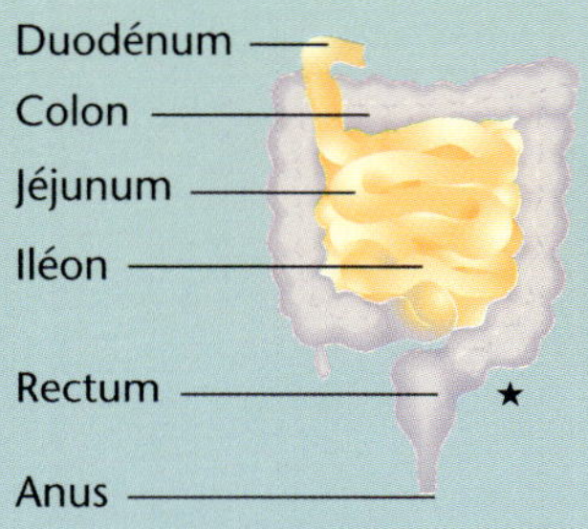

6. L'intestin grêle, en particulier l'iléon, est tapissé de projections microscopiques, les **villosités**, qui accroissent la surface de contact. Les minuscules capillaires qu'elles contiennent absorbent les éléments nutritifs et les véhiculent jusqu'au foie pour poursuivre leur transformation.

Coupe de l'intestin grêle

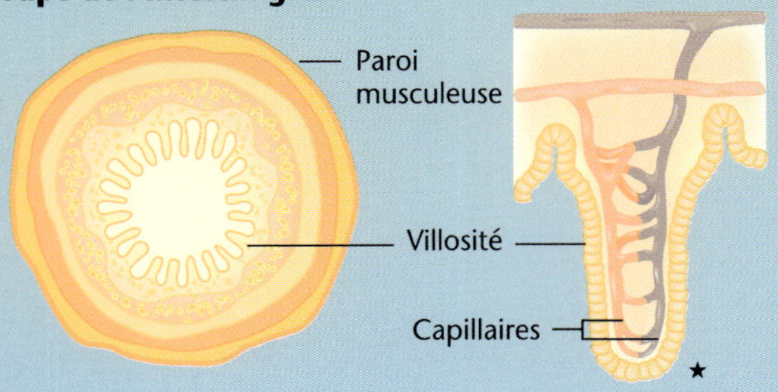

7. L'eau et les parties non digestibles, comme les fibres*, entrent dans la première partie du **gros intestin**, le **colon**. L'eau est alors absorbée par le sang.

8. Les déchets plus consistants, appelés **selles** ou **fèces**, passent dans la seconde partie du gros intestin, le **rectum**. Ils sont finalement éliminés par l'anus lorsqu'on va aux toilettes.

LES GLANDES DIGESTIVES

Les glandes digestives sécrètent les sucs nécessaires à la digestion. La plupart des sucs contiennent des substances chimiques appelées **enzymes digestives**, qui dégradent les aliments. Certaines de ces glandes, minuscules, sont logées dans la paroi des organes digestifs. Par exemple, la paroi de l'estomac contient des **glandes gastriques**. D'autres, comme les glandes salivaires, sont des organes séparés.

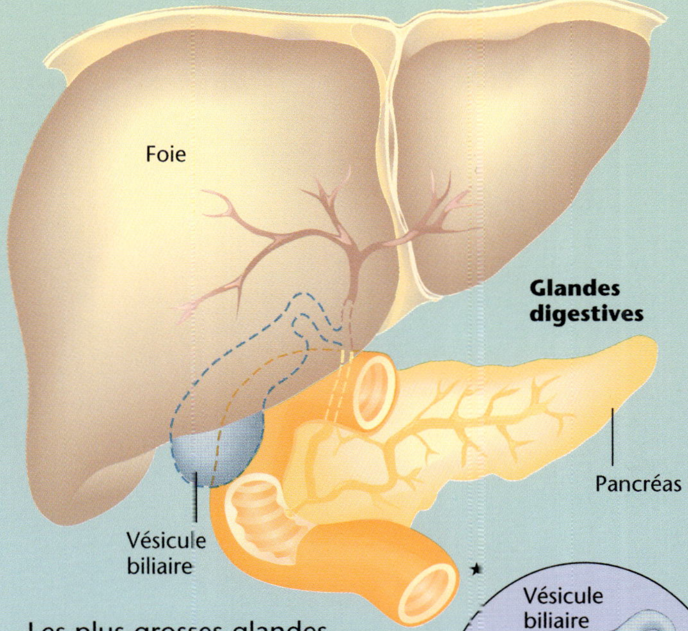

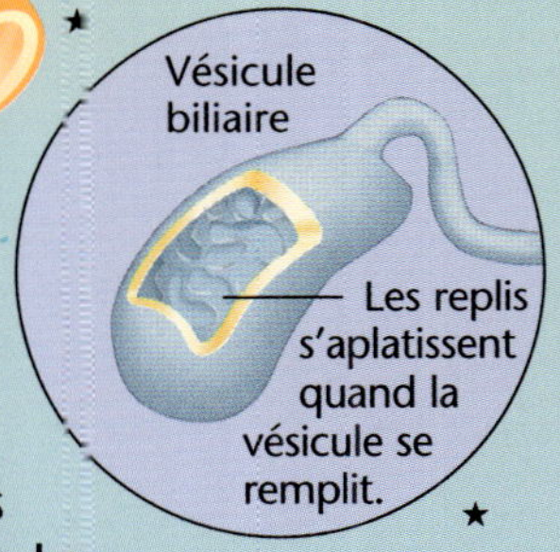

Les plus grosses glandes digestives sont le foie et le pancréas. Le foie produit un liquide verdâtre, la **bile**, qui se comporte comme un détergent en désintégrant les graisses* en éléments minuscules que les enzymes peuvent digérer. La bile est stockée dans la **vésicule biliaire**. Le pancréas sécrète le **suc pancréatique**. Celui-ci contient des enzymes qui digèrent les graisses, les protéines* et l'amidon*. Le foie et le pancréas jouent aussi d'autres rôles importants, comme de réguler le taux de glucose dans le sang (voir aussi page 27).

Liens Internet

Pour les liens vers ces sites, connecte-toi à : **www.usborne-quicklinks.com/fr**

Site 1
Une fiche générale sur l'appareil digestif et la digestion.

Site 2
Suis le trajet des aliments lors de la digestion.

Site 3
Teste tes connaissances sur le système digestif.

Amidon, 20 ; Fibres, 21 ; Glucides, 20 ; Graisses/Lipides, 20 ; Protéines/Protides, 20.

L'ALIMENTATION

Les aliments solides et liquides que nous absorbons constituent le **régime alimentaire.** Un régime bien équilibré doit être varié, car les aliments contiennent différents éléments nécessaires à l'organisme. Il existe cinq groupes d'aliments : les glucides, les protides, les lipides, indispensables à la vitalité et à la croissance, et les vitamines, les minéraux et l'eau, nécessaires en faibles quantités car ils aident l'organisme à mieux fonctionner.

LES GLUCIDES (HYDRATES DE CARBONE)

Les **glucides** sont de deux types : sucres lents (dont amidon) et sucres rapides. Ce sont des aliments énergétiques. Les **sucres rapides**, solubles dans l'eau, se trouvent dans des aliments tels que fruits ou chocolat. L'**amidon** est insoluble dans l'eau. Pain, pâtes, riz et pommes de terre en sont riches.

Le chocolat contient du sucre, un glucide.

Pendant la digestion, les glucides sont décomposés en sucres simples, tel le **glucose**. L'organisme utilise ces sucres comme combustibles pour produire de l'énergie. Une partie du glucose est convertie en **glycogène** et stockée dans le foie, le reste est transformé en graisse et stocké sous la peau.

Les pâtes : une source saine d'amidon

LES PROTIDES (PROTÉINES)

Les **protides** servent à la croissance, à la réparation des tissus de l'organisme et à d'autres fonctions vitales. On les trouve dans la viande, le poisson, les œufs, les noix, le lait et les haricots.

Les protides sont constituées de composés organiques simples, les **acides aminés**. Le type dépend de l'ordre dans lequel les acides aminés sont arrangés. La digestion décompose les protides en acides aminés. Ces derniers sont ensuite réorganisés en protéines nécessaires à l'organisme.

Exemples de protéines de l'organisme

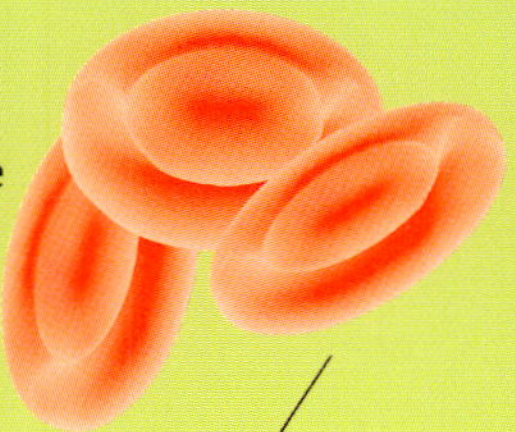

L'hémoglobine des globules rouges transporte l'oxygène dans tout l'organisme.

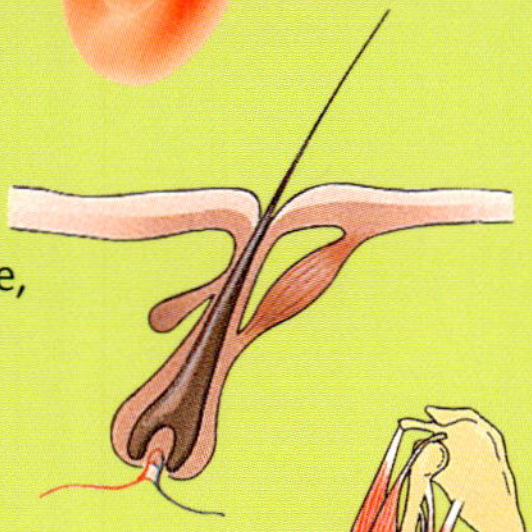

Poils et ongles sont constitués d'une protéine, la kératine.

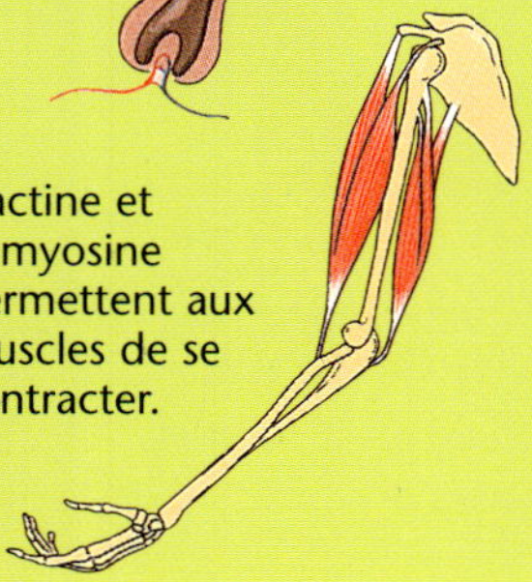

L'actine et la myosine permettent aux muscles de se contracter.

LES LIPIDES (GRAISSES)

Le corps a besoin de **lipides** pour produire chaleur et énergie. Les graisses non utilisées sont stockées, sous la peau par exemple. Il existe deux types de graisses : saturées et insaturées.

Les **graisses saturées** se trouvent surtout dans les produits d'origine animale : beurre, charcuterie, viande grasse. Ceux-ci contiennent aussi du **cholestérol**, une substance grasse. Les **graisses insaturées** proviennent des produits d'origine végétale, comme huiles et noix.

La restauration rapide propose souvent des aliments riches en graisse. Ingérées en grandes quantités, les graisses saturées associées au cholestérol peuvent engendrer des maladies cardio-vasculaires.

Observe par toi-même

Regarde les emballages des aliments que tu manges tous les jours. Ils indiquent entre autres la quantité d'hydrates de carbone, de protéines et de graisses que contiennent ces aliments. Certains mentionnent également les vitamines et les minéraux.

Les légumes et les fruits sont riches en fibres, vitamines et minéraux.

LES VITAMINES

Les **vitamines**, présentes dans de nombreux aliments, sont des substances indispensables à la bonne santé de l'organisme. Un régime équilibré lui apporte les vitamines dont il a besoin.

Les vitamines sont des substances **organiques**, c'est-à-dire qu'elles contiennent du carbone. Notre organisme a besoin d'environ 15 vitamines différentes, en faibles quantités, pour que tous les processus chimiques vitaux puissent s'effectuer.

Sources et utilisations des vitamines

Vitamine	Bonnes sources	Nécessaire pour
A (rétinol)	Lait, beurre, œufs, huiles de poisson, légumes verts frais	Yeux (surtout pour la vision nocturne), peau
B (groupe de plusieurs vitamines)	Pain et riz complets, levure, foie, soja	Production d'énergie dans toutes les cellules, nerfs et peau
C (acide ascorbique)	Oranges, citrons, cassis, tomates, légumes verts frais	Vaisseaux sanguins, gencives, cicatrisation des plaies, prévention des coups de froid
D (calciférol)	Huiles de poisson, lait, œufs, beurre (et lumière du soleil)	Os, dents
E (tocophérol)	Huiles végétales, pain complet, riz, œufs, beurre, légumes verts frais	Action non entièrement élucidée
K (phylloquinone)	Légumes verts frais, foie	Coagulation du sang

LES MINÉRAUX

Les **minéraux** sont d'autres substances indispensables à l'organisme. Ils sont **inorganiques**, ce qui signifie qu'ils ne contiennent pas de carbone. Environ 20 minéraux sont nécessaires en faibles quantités. Les **oligoéléments**, comme le fer, sont présents en très faibles quantités. (Voir aussi les vitamines et les minéraux page 55.)

Sources et utilisations de quelques minéraux et oligoéléments

Minéral	Bonnes sources	Nécessaire pour
Calcium et **phosphore**	Lait, fromage, beurre et certaines eaux minérales	Des dents et des os solides
Sodium	Sel, lait et épinards	Sang, digestion, nerfs
Fluor (oligoélément)	Lait, dentifrice, eau potable dans certaines régions	Des dents et des os sains
Iode (oligoélément)	Fruits de mer, sel de table, eau potable dans certaines régions	Hormone* thyroxine
Fer (oligoélément)	Foie, abricots et légumes verts	Hémoglobine des globules rouges*

LES FIBRES

On trouve des **fibres**, un type d'hydrate de carbone, dans les céréales, le pain complet, les fruits et les légumes. Notre organisme ne peut pas les digérer, mais elles apportent le volume qui permet aux muscles intestinaux de faire transiter efficacement les aliments dans le système digestif.

L'EAU

L'eau est indispensable à la vie. Sans eau, on ne peut survivre que quelques jours. Il faut boire pour remplacer l'eau éliminée par la transpiration et l'urine*. Les boissons et les aliments solides contiennent de l'eau. La salade, par exemple, en contient 90 %.

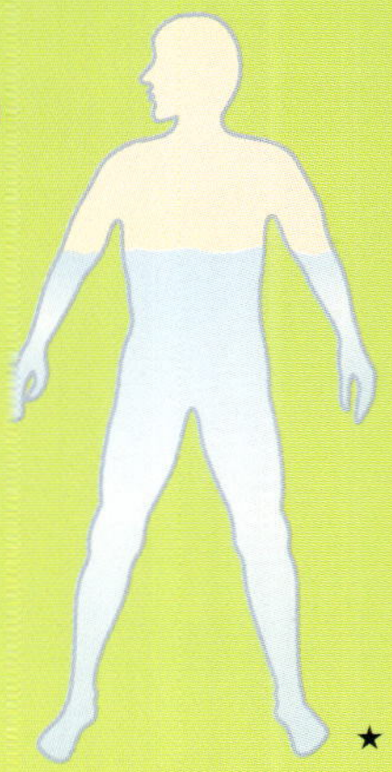

Le corps humain contient environ 65 % d'eau. Chez les jeunes enfants, l'eau représente jusqu'à 75 % de la masse corporelle.

★

Liens Internet

Pour les liens vers ces sites, connecte-toi à : **www.usborne-quicklinks.com/fr**

Site 1
Un dossier complet sur l'alimentation et la diététique.

Site 2
Alimentation et santé : la chaîne alimentaire, la sécurité alimentaire et la santé, avec un jeu.

Site 3
Alimentation et santé, notion de diététique, groupes d'aliments...

Site 4
Pourquoi les fruits et les légumes sont bons pour la santé.

*Globules rouges, 15 ; Hormones, 26, 27 ; Urine, 26.

LE SYSTÈME RESPIRATOIRE

Le **système respiratoire** comprend les **poumons** et les voies respiratoires. L'air inspiré pénètre dans les poumons. L'oxygène qu'il contient passe dans le sang, qui le véhicule dans tout l'organisme. Puis le sang se charge en gaz carbonique, un déchet, qu'il ramène vers les poumons pour être expiré.

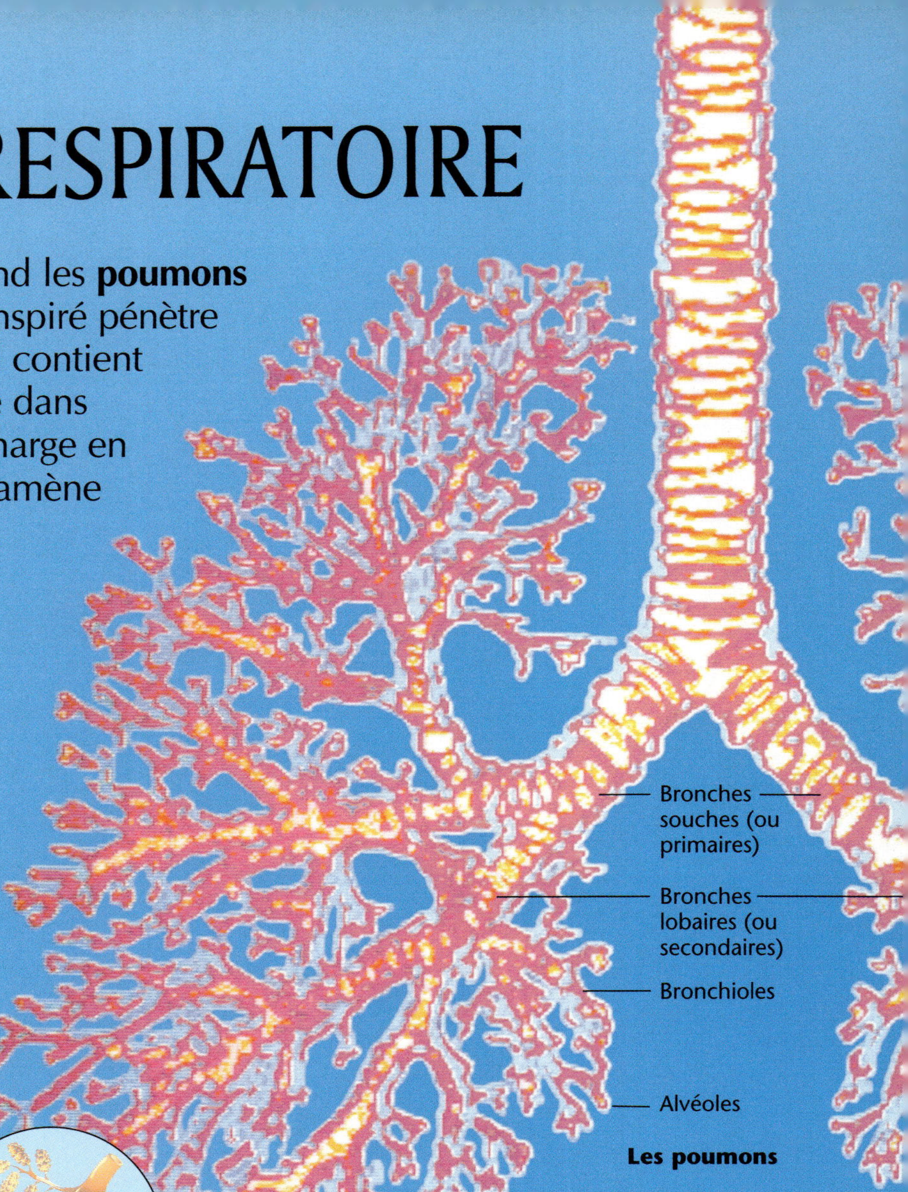

Les poumons

Les ramifications de l'arbre bronchique des poumons se terminent par de minuscules sacs d'air, les alvéoles.

STRUCTURE DU SYSTÈME RESPIRATOIRE

Lorsqu'on inspire, l'air passe par le nez ou la bouche, puis à travers un tube appelé **trachée**. Les parois internes du nez et de la trachée sécrètent un liquide visqueux, le **mucus**, qui réchauffe et humidifie l'air pour qu'il glisse facilement dans les voies respiratoires. Le mucus bloque aussi les germes et les poussières de l'air. Des poils minuscules, les **cils**, rejettent le mucus vers le nez et la gorge.

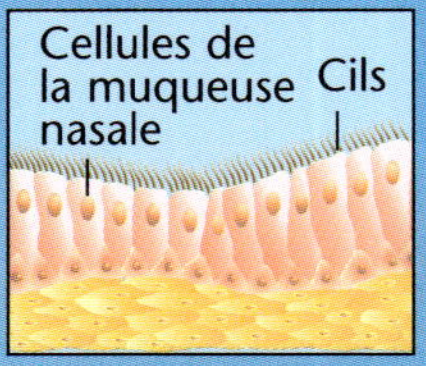

La trachée se divise en deux branches, les **bronches souches** (ou **primaires**), une pour chaque poumon. Dans les poumons, celles-ci se ramifient en **bronches lobaires** et **segmentaires** (ou **secondaires**) et pour finir, en **bronchioles**.

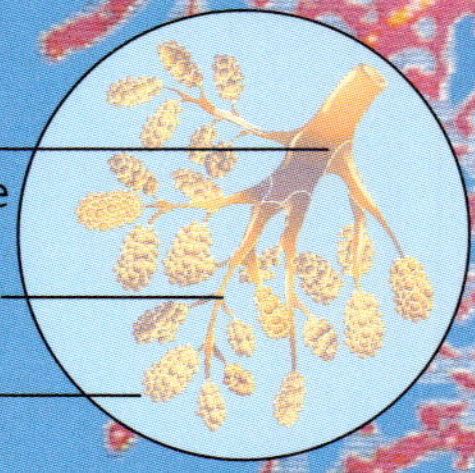

Chaque bronchiole se termine par des vésicules pulmonaires constituées d'**alvéoles** entourées de capillaires*.

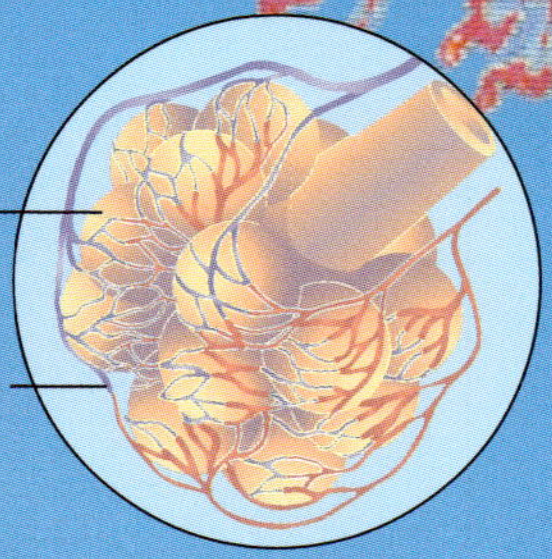

L'oxygène traverse les fines parois des **alvéoles** pour passer dans les capillaires. Le gaz carbonique du sang, produit par les cellules au cours de la respiration interne*, passe à son tour dans les alvéoles. Il est rejeté lors de l'expiration.

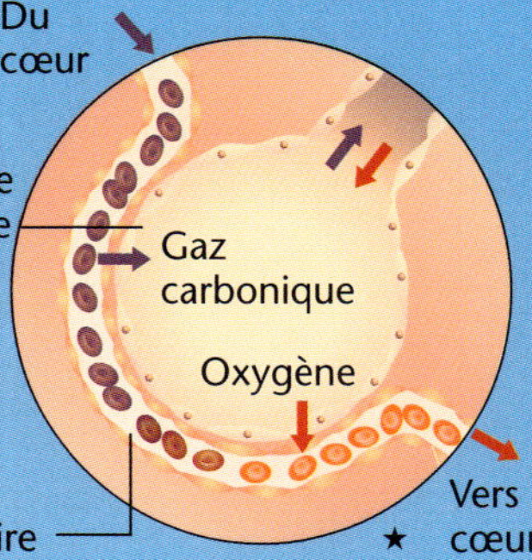

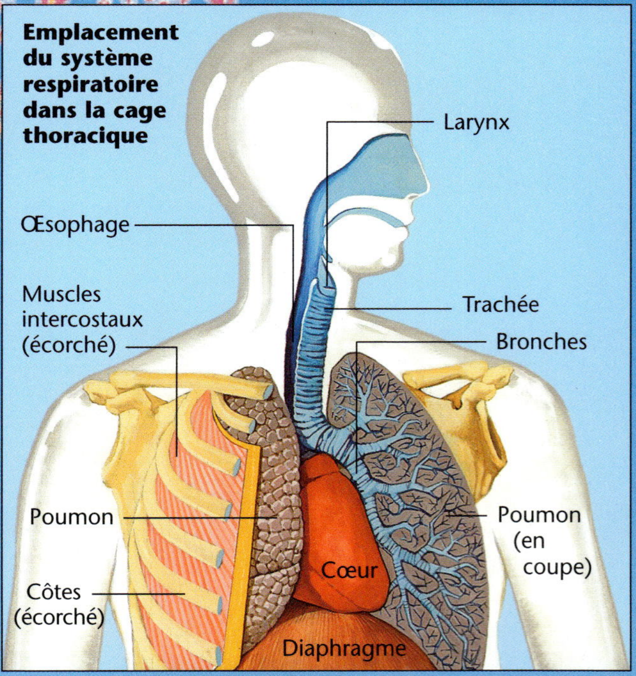

Capillaires, 15 ; Respiration interne, 24.

LA RESPIRATION

La **respiration** est l'aspiration et le rejet de l'air qui entre et sort des poumons. Elle est contrôlée par le mouvement des muscles de la cage thoracique, les **muscles intercostaux**, et une couche de muscle, appelée **diaphragme**, qui se trouve sous les poumons.

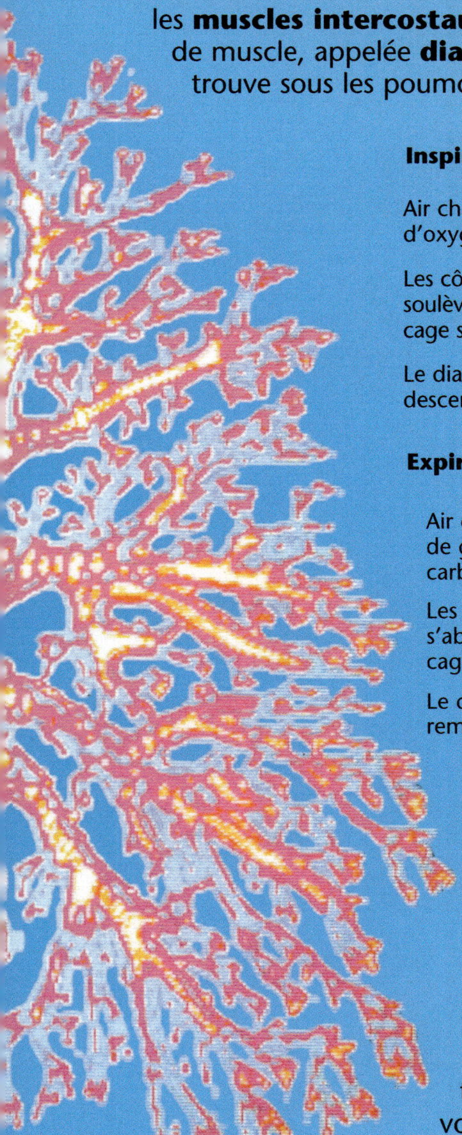

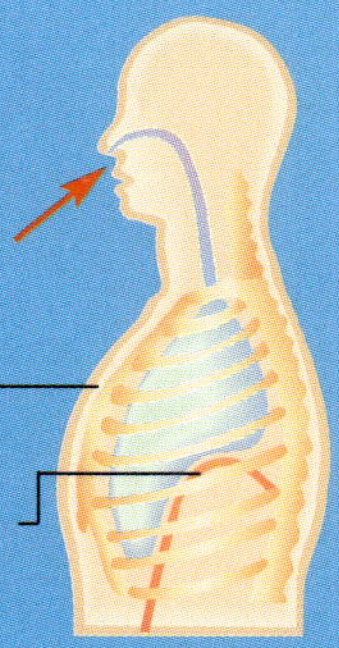

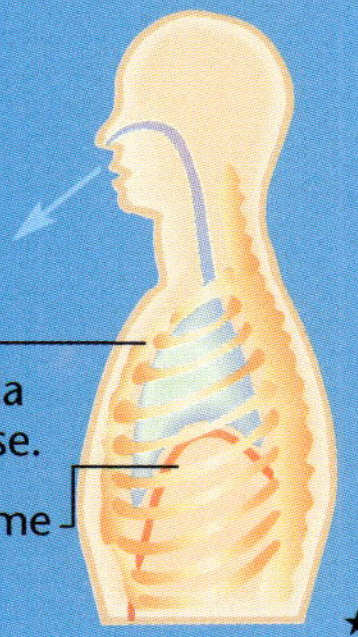

Lors d'une **inspiration**, ou **inhalation**, le diaphragme s'aplatit et les muscles intercostaux se contractent pour dilater la cage thoracique. Son volume s'accroît, engendrant une pression de l'air plus faible dans les poumons qu'à l'extérieur. L'air s'y engouffre pour rétablir la pression.

Lors d'une **expiration**, ou **exhalation**, le diaphragme se détend vers le haut et les muscles intercostaux se relâchent, provoquant l'affaissement de la cage thoracique. Son volume rétrécit et l'air est expulsé.

Le rythme respiratoire normal est parfois perturbé. **Éternuer** permet d'évacuer la poussière, les pollens et les germes du nez. **Tousser** débarrasse la trachée des impuretés. **Bâiller** augmente le taux d'oxygène dans le sang. L'organisme peut ainsi rejeter une grande quantité de gaz carbonique.

LES ORGANES PHONATEURS

Le **larynx** est situé au sommet de la trachée. Il contient deux bandes musculaires, les **cordes vocales**. Lorsqu'on respire, celles-ci s'ouvrent pour laisser passer l'air. En revanche, lorsqu'on parle ou que l'on chante, elles se referment. L'air qui les traverse alors les fait vibrer et ces vibrations engendrent des sons.

Coupe du larynx avec les cordes vocales

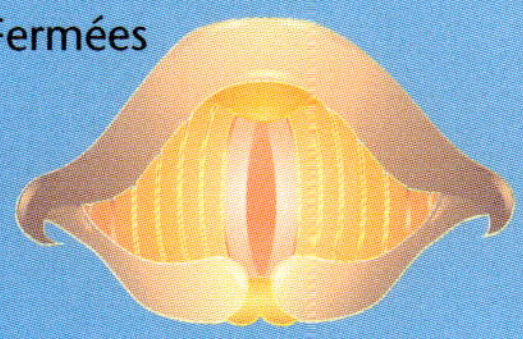

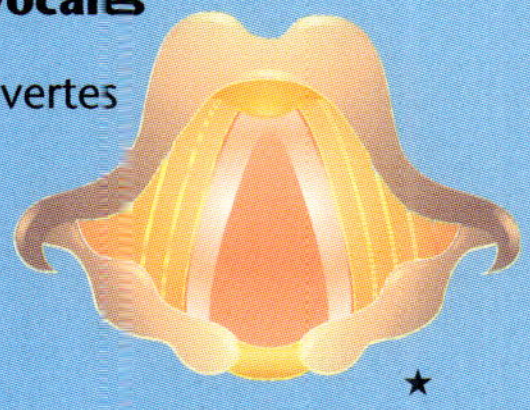

Observe par toi-même

Pose tes doigts sur le devant de ton cou pendant que tu parles, que tu cries ou que tu chantes. Tu peux sentir les vibrations de tes cordes vocales, et le mouvement de tes muscles qui se contractent et se relâchent.

Plus les sons que tu émets sont forts et graves, plus les vibrations sont perceptibles. Tes muscles se contractent dans les aigus et se relâchent dans les graves.

Plus les cordes vocales sont courtes, plus elles vibrent rapidement et plus les sons qu'elles produisent sont aigus. Courtes, celles des femmes vibrent environ 220 fois par seconde. C'est pourquoi leur voix est aiguë. Tandis que celles des hommes, qui vibrent 120 fois par seconde, produisent des voix plus graves.

Liens Internet

Pour les liens vers ces sites, connecte-toi à : **www.usborne-quicklinks.com/fr**

Site 1
Une page qui traite en détail des différents organes du système respiratoire.

Site 2
Un site très complet sur les voies aériennes, les poumons et la respiration.

Site 3
Une page sur la respiration humaine et l'importance de l'oxygène.

ÉNERGIE ET VIE

Notre organisme a besoin d'énergie pour vivre et travailler. Cette énergie est libérée au cours des réactions chimiques ayant lieu lors de la digestion. Ce processus, appelé **respiration aérobie**, se déroule dans les cellules, en particulier celles des muscles. L'ensemble des processus se produisant dans les tissus (production d'énergie et de déchets, croissance) est appelé **métabolisme**.

Un régime sain procure à cette danseuse de l'énergie, tandis qu'une activité physique régulière entretient sa force et sa souplesse.

LA RESPIRATION AÉROBIE

La **respiration aérobie** (interne ou cellulaire) utilise de l'oxygène. La nourriture, sous forme de glucose*, se combine avec l'oxygène de l'air respiré en entraînant une réaction qui libère de l'énergie et des déchets (eau et gaz carbonique). Elle est activée par des substances chimiques, les **enzymes**.

Schéma de la respiration aérobie

Glucose + oxygène

↓

Énergie + gaz carbonique + eau

Une partie de cette énergie est transformée en chaleur par le processus de **thermogénèse**. Le reste est stocké sous forme d'une substance chimique, l'**adénosine triphosphate**, ou **ATP**. En cas de besoins, l'ATP est convertie en **ADP** (**adénosine diphosphate**) en libérant de l'énergie.

LE TAUX MÉTABOLIQUE

La vitesse à laquelle les aliments sont transformés en énergie est le **taux métabolique**. Il varie d'une personne à l'autre.

Une personne ayant un taux métabolique bas convertit lentement la nourriture en énergie. Elle peut avoir tendance à l'embonpoint et manquer d'énergie. En revanche, une personne dont le taux est élevé montre souvent beaucoup d'énergie et stocke peu de graisse.

Taux métabolique bas	Taux métabolique élevé
Nourriture	Nourriture
↓	↓
Énergie + Graisse	Énergie

Une activité physique régulière, comme la natation, peut favoriser l'augmentation du taux métabolique et donc la forme physique.

LA VALEUR ÉNERGÉTIQUE

La quantité d'énergie qui peut être libérée par un aliment est sa **valeur énergétique**. On la mesure généralement en **kilojoules (Kj)**, ou parfois en **kilocalories**, ou **calories**. Un kilojoule correspond à 0,238 kilocalorie. La plupart des emballages alimentaires indiquent la valeur énergétique en kilojoules et kilocalories des aliments.

La natation consomme environ 2 250 kilojoules (600 calories) d'énergie par heure.

*Glucose, 20.

EFFETS DE L'EXERCICE

Faire régulièrement de l'exercice est indispensable pour rester en bonne santé. Cela aide le corps à garder la forme en augmentant sa force, sa souplesse ainsi que sa résistance.

La **force** s'applique aux muscles. La **résistance**, elle, permet de pratiquer une activité physique plus longtemps sans se fatiguer, et la **souplesse** est la faculté du corps à se mouvoir avec aisance. Différentes activités peuvent aider à développer ces aspects de la forme. Le tableau ci-dessous donne les effets de certains sports.

BIENFAITS DE L'EXERCICE

Lorsque l'on fait de l'exercice, les muscles ont besoin de davantage d'oxygène pour libérer de l'énergie par respiration aérobie. On se met à respirer plus vite pour absorber plus d'oxygène. Ceci renforce les muscles de la poitrine et accroît la capacité en air des poumons.

Le cœur bat plus vite pour pomper le sang chargé d'oxygène vers les muscles, ce qui renforce le muscle cardiaque. La circulation rapide du sang dans les vaisseaux sanguins empêche l'accumulation des substances grasses qui sont à l'origine des crises cardiaques.

Activité	A	B	C
Badminton	★	★★	★
Vélo	★★★	★	★★
Danse (énergique)	★★	★★★	★
Football	★★	★★	★★
Gymnastique	★	★★★	★★
Marche rapide	★★	★	★
Équitation	O	O	★
Jogging	★★★	★	★

Activité	A	B	C
Judo	★	★★★	★
Roller	★★	O	★
Saut à la corde (vigoureux)	★★★	O	★
Natation	★★★	★★★	★★★
Tennis	★	★★	★
Marche	★	O	O
Haltérophilie	O	O	★★★
Yoga	O	★★★	O

Symbole **A** = Résistance **B** = Souplesse **C** = Force
O = aucun effet ★ = effet bénéfique ★★ = très bon ★★★ = excellent

La natation fait travailler tous les muscles. C'est un sport excellent pour augmenter sa force, sa résistance et sa souplesse.

Observe par toi-même

Prends ton pouls en pressant deux doigts sur l'artère située à l'intérieur du poignet. Compte les battements pendant une minute. Prends ton pouls à nouveau après quelques minutes d'exercice : ton cœur battra plus rapidement.

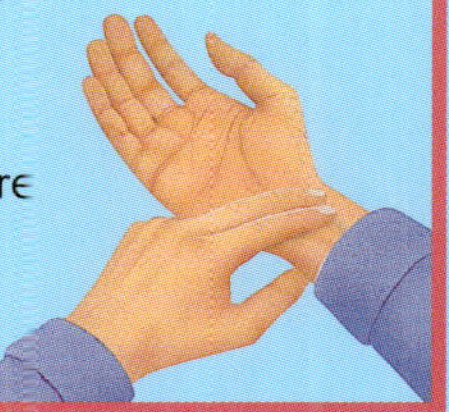

Cherche ton artère dans le creux de ton poignet du côté du pouce.

LA FATIGUE

Pendant un effort brutal, tel un sprint, il arrive que le corps ne puisse pas obtenir assez d'oxygène par la respiration interne. Les muscles convertissent alors le glucose en énergie en l'absence d'oxygène au cours d'un processus appelé **respiration anaérobie**. Une substance appelée **acide lactique** est produite. Des courbatures apparaissent dans les muscles et l'organisme se trouve en situation de **manque d'oxygène**.

En respirant profondément après un exercice violent, le corps absorbe davantage d'oxygène et récupère.

Schéma de la respiration anaérobie

Glucose → énergie + acide lactique

Liens Internet

Pour les liens vers ces sites, connecte-toi à : **www.usborne-quicklinks.com/fr**

Site 1
Un lien consacré aux bienfaits de l'exercice physique, avec les questions que l'on peut se poser à ce sujet.

Site 2
La nutrition et le sport : comment bien s'alimenter pour fournir aux muscles l'énergie nécessaire.

Site 3
Une rubrique sur le métabolisme et comment le stimuler.

UN ÉQUILIBRE VITAL

Pour que l'organisme fonctionne correctement, ses conditions internes – température, eau et taux de substances chimiques – doivent rester constantes. Cette stabilisation porte le nom d'**homéostasie**. L'**excrétion**, l'évacuation des déchets, en est l'un des aspects importants. D'autres substances, les **hormones**, participent aussi à l'homéostasie.

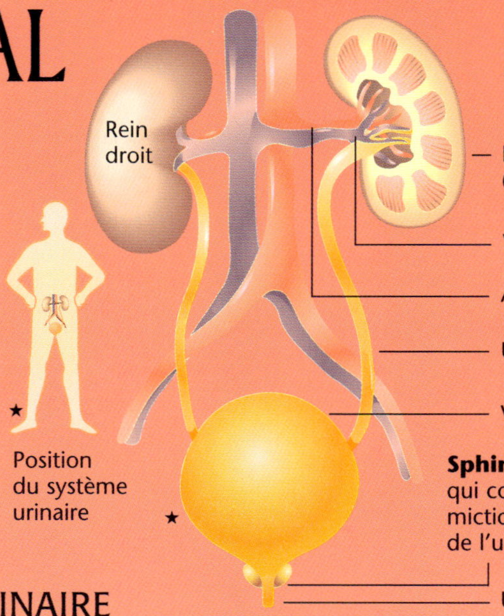

LES ORGANES EXCRÉTEURS

Toutes les parties du corps qui évacuent des déchets sont des **organes excréteurs**. Les principaux sont les reins et le foie. Mais il y en a d'autres, comme les poumons, qui rejettent du gaz carbonique et de l'eau lors de l'expiration, et la peau, dont la sueur est chargée d'eau et des sels en excès.

LE SYSTÈME URINAIRE

Le **système urinaire** contrôle la quantité d'eau dans le corps. Il comprend les deux **reins**, une poche, la **vessie**, et les canaux qui les relient. Le sang, qui arrive dans les reins par les **artères rénales**, est filtré par des millions d'unités minuscules, les **néphrons**.

Chaque néphron (voir à droite) est composé d'un tube et d'une capsule filtrante formée d'un nœud de capillaires*, le **glomérule**. La pression sanguine élevée permet de filtrer le sang. Le glucose, l'eau et les sels passent dans la **capsule de Bowman**, qui entoure le glomérule.

Le sang épuré retourne dans l'organisme par la **veine rénale**. Le liquide filtré circule dans le tube du néphron, où une partie du glucose, de l'eau et des sels est réabsorbée.

Schéma d'un néphron

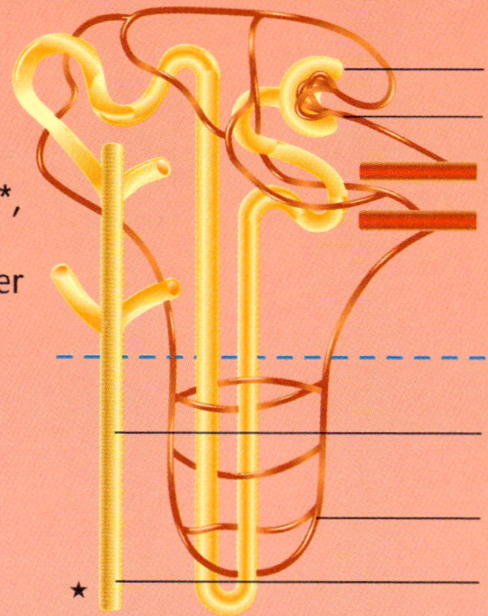

Le liquide résiduel, appelé **urine**, passe dans un **tube collecteur** puis dans une partie du rein appelée **bassinet**. De là, il est collecté par l'**uretère** pour être acheminé vers la vessie, où il est stocké. Lors de la miction, l'urine est évacuée par l'**urètre**.

Cette radiographie d'un rein met en évidence les vaisseaux sanguins internes.

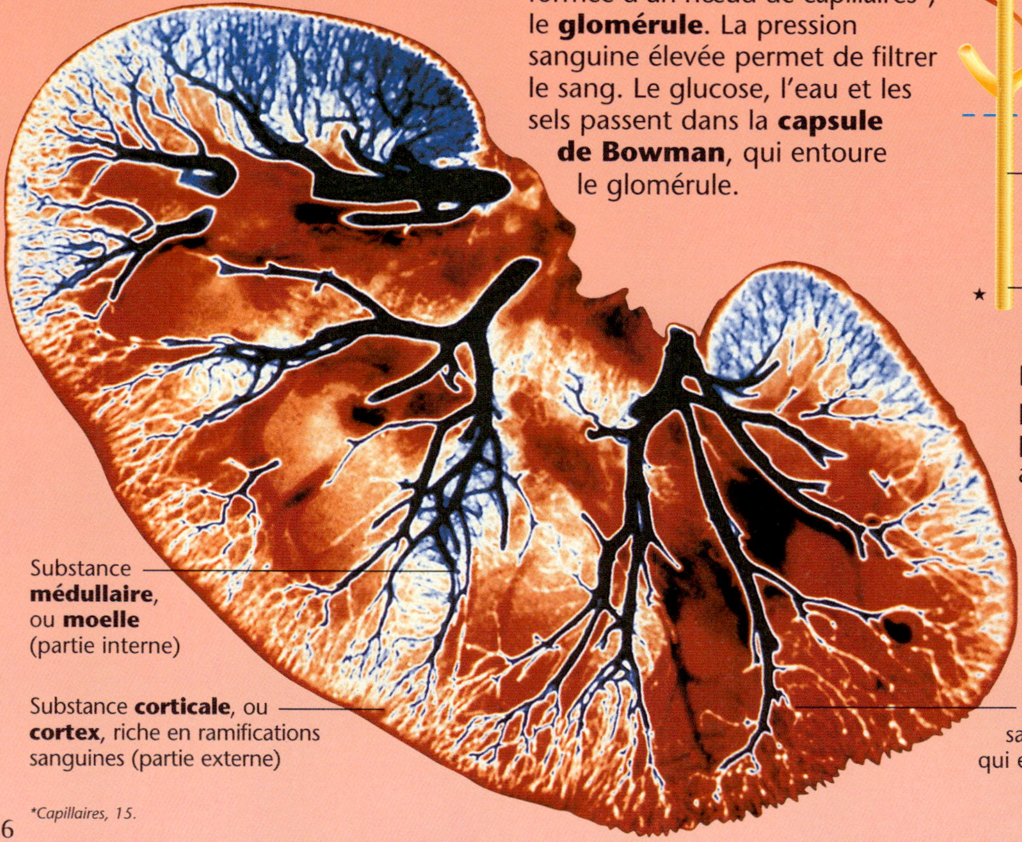

**Capillaires*, 15.*

LES HORMONES

Les hormones sont fabriquées par les **glandes endocrines** et transportées à travers l'organisme par le sang. Chez l'homme, il en existe plus de 20, chacune affectant une partie spécifique du corps, ou **organe cible**. Le tableau ci-dessous liste les principales glandes endocrines et certaines des hormones qu'elles produisent.

Glande	Hormone fabriquée	Effet hormonal - Contrôle :
Hypophyse	Hormone de croissance, prolactine	Les autres glandes endocrines, la croissance, la production de lait chez la femme
Parathyroïdes	Parathormone	Le taux de calcium dans le sang et dans les os
Surrénales	Adrénaline, aldostérone	Taux de glucose dans le sang, rythme cardiaque, taux de sel
Thyroïde	Thyroxine	Le métabolisme*
Pancréas	Insuline, glucagon	L'utilisation du glucose* par l'organisme
Testicules* (dans le scrotum*)	Testostérone	Le développement sexuel chez l'homme
Ovaires* (dans l'abdomen)	Œstrogène, progestérone	Le développement sexuel chez la femme

Les glandes endocrines

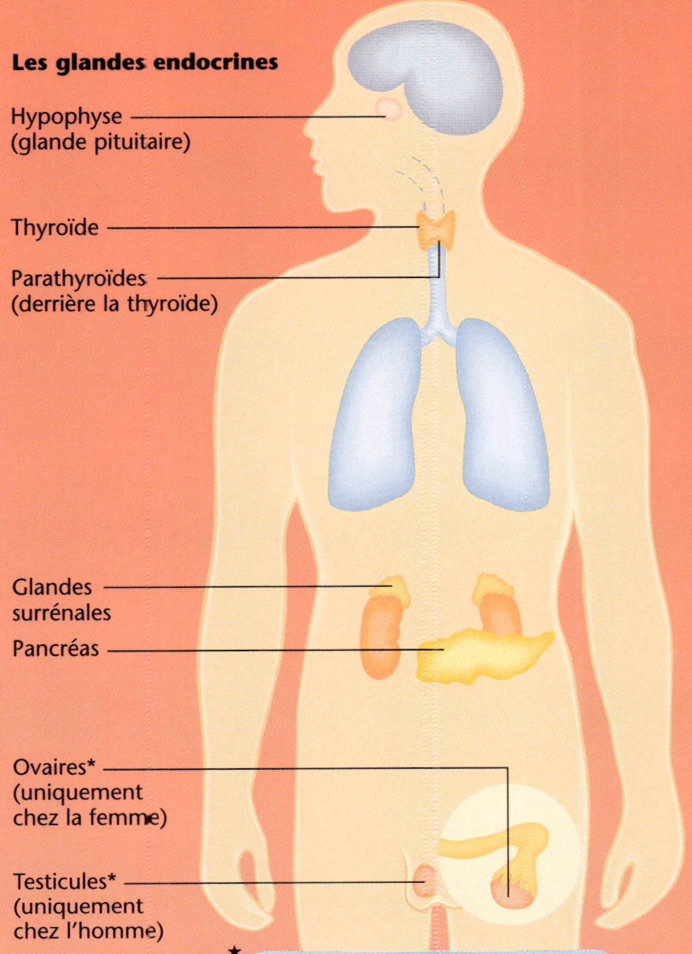

DES EFFETS OPPOSÉS

Beaucoup d'hormones travaillent par paires et produisent des effets opposés. On les nomme **hormones antagonistes**. Par exemple, le taux de glucose* dans le sang est gardé constant par l'**insuline** et le **glucagon**. Ces hormones sont fabriquées dans le pancréas par des amas de cellules appelées **îlots de Langerhans**.

Lorsque le pancréas ne produit plus assez d'insuline, c'est le **diabète**. Les personnes diabétiques doivent contrôler leur consommation de sucre. Souvent, elles doivent prendre de l'insuline en comprimé ou en injection.

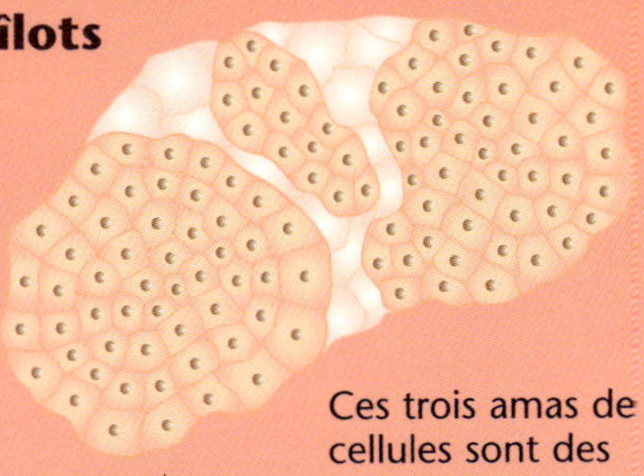

Ces trois amas de cellules sont des îlots de Langerhans.

Observe par toi-même

Certaines hormones ont une action lente, d'autres rapide. Observe l'effet de l'adrénaline sur ton organisme quand tu es excité, effrayé ou en colère. Ton cœur et tes poumons accélèrent leur rythme pour apporter plus d'oxygène à tes muscles. Si tu dois agir, cela augmente ta puissance.

Contrôle du taux de glucose dans le sang par l'insuline et le glucagon

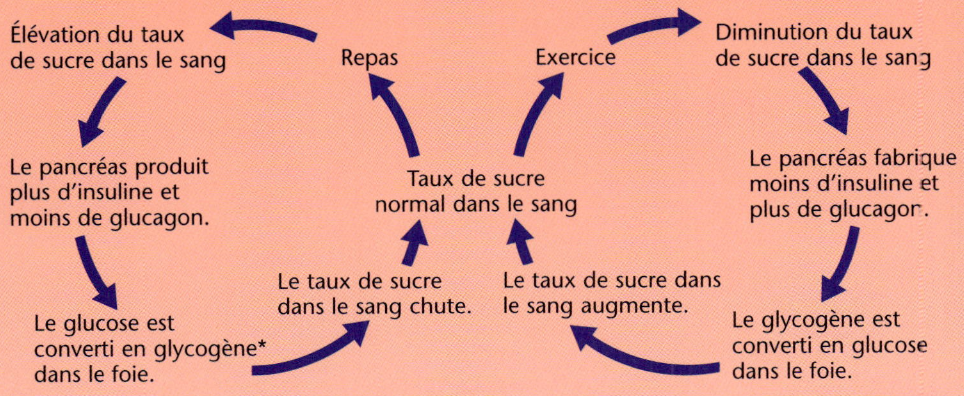

Liens Internet

Pour les liens vers ces sites, connecte-toi à : **www.usborne-quicklinks.com/fr**

Site 1
L'anatomie du système urinaire et les fonctions des reins.

Site 2
Pour en savoir plus sur l'homéostasie.

Site 3
Informations sur le système urinaire.

Site 4
Le système endocrinien et les hormones.

Glucose, glycogène, 20 ; Métabolisme, 24 ; Ovaires, scrotum, testicules, 40.

LE SYSTÈME NERVEUX

Le **système nerveux** comprend le cerveau, la moelle épinière et les nerfs. Le cerveau et la moelle épinière forment le **système nerveux central**. Ils reçoivent des informations de toutes les parties du corps, les traitent et les renvoient vers d'autres parties. Le réseau de nerfs qui effectue les transferts d'informations est appelé **système nerveux périphérique**.

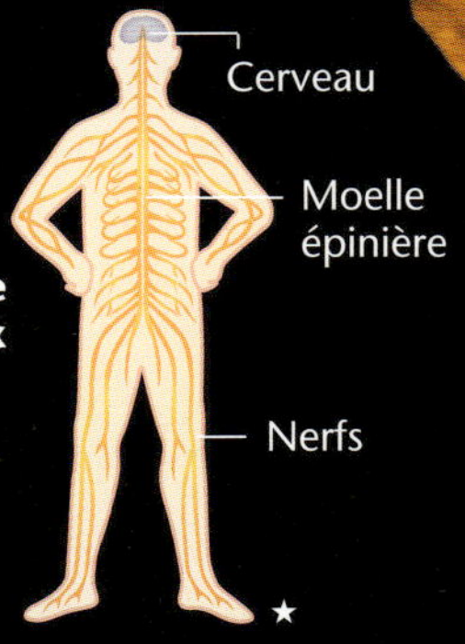

Le système nerveux

LES CELLULES NERVEUSES

Le système nerveux est constitué de millions de cellules nerveuses appelées **neurones**. Il en existe trois types : sensoriels, moteurs et d'association.

Les **neurones sensoriels** se terminent par des **récepteurs**. Ceux-ci répondent à des stimuli tels que la lumière, la chaleur ou les substances chimiques, à la fois à l'intérieur et à l'extérieur de l'organisme. Les neurones sensoriels transmettent les stimuli des récepteurs au système nerveux central.

Les **neurones d'association** du cerveau et de la moelle épinière recueillent et interprètent les informations transmises par les neurones sensoriels. Ils passent ensuite des instructions aux **neurones moteurs** qui les transportent vers des parties du corps, comme des muscles ou des glandes, où elles sont exécutées.

STRUCTURE D'UN NEURONE

Chaque neurone possède un **corps cellulaire**, qui contient le noyau, et des prolongements, les **fibres nerveuses**, qui sont de deux types. Les **dendrites** (du grec dendron : arbre) transportent les informations vers les cellules, et les **axones** les ramènent. Les axones d'une cellule se connectent aux dendrites d'une autre, ou d'un muscle, pour transmettre les informations.

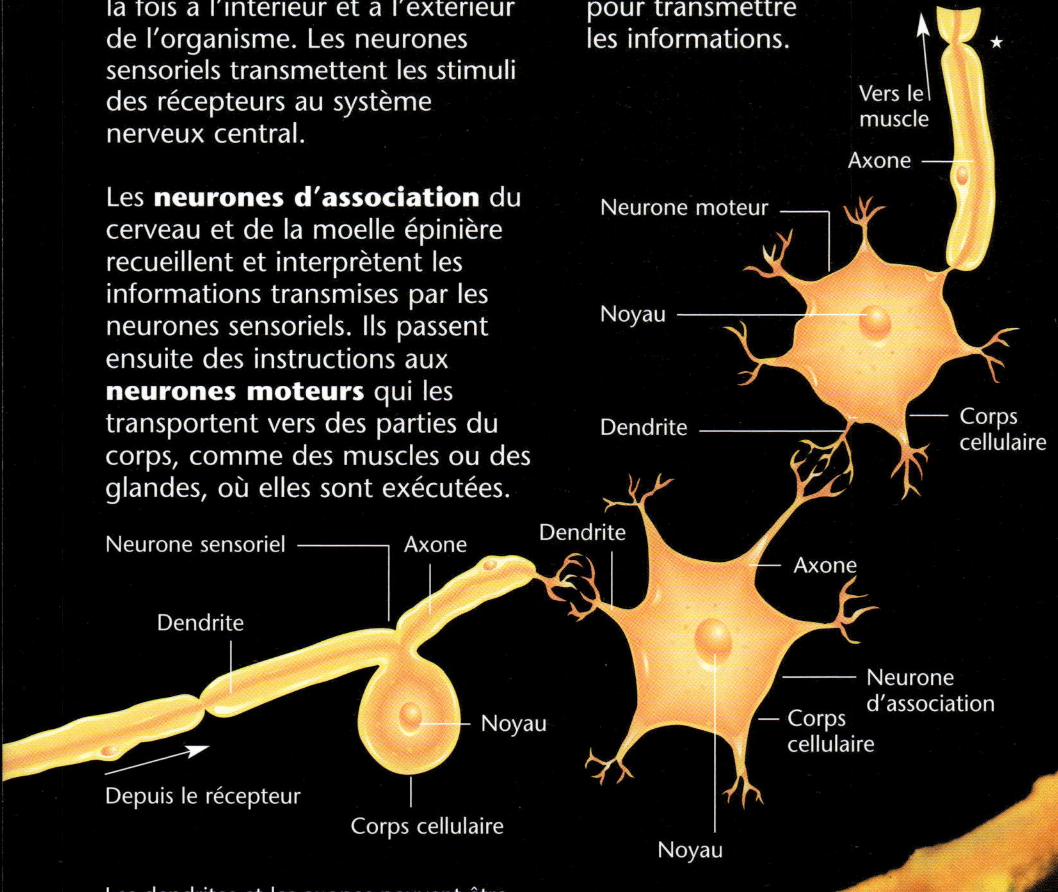

Les dendrites et les axones peuvent être plus longs que sur cette illustration.

LES NERFS

Les **nerfs** sont des organes filiformes composés de faisceaux de fibres nerveuses. Les **nerfs moteurs** sont composés de fibres de neurones moteurs et les **nerfs sensoriels** de fibres de neurones sensoriels. Certains nerfs contiennent les deux.

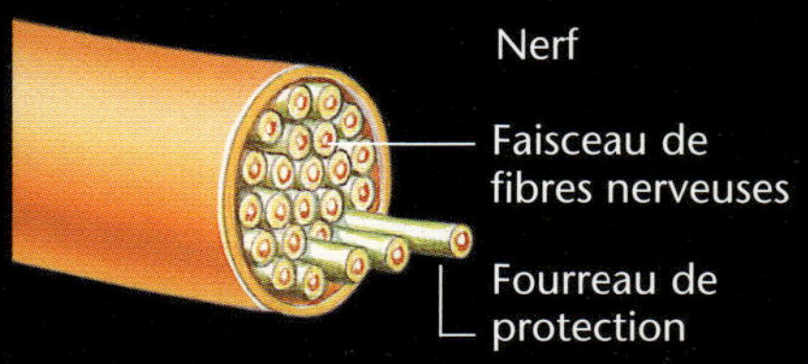

La **moelle épinière** est un faisceau épais de nerfs qui court du cerveau à travers le canal de la colonne vertébrale. Les impulsions venant de tout l'organisme passent par la moelle épinière.

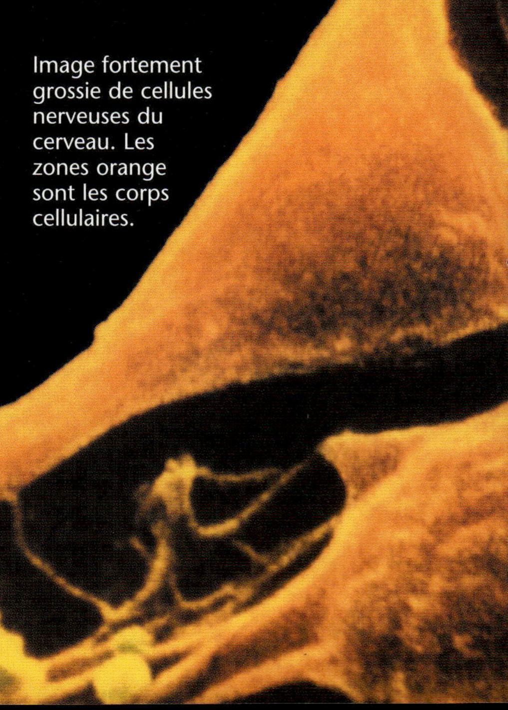

Image fortement grossie de cellules nerveuses du cerveau. Les zones orange sont les corps cellulaires.

LES IMPULSIONS NERVEUSES

L'information voyage le long des neurones sous forme d'un signal électrique, l'**influx nerveux** (ou **impulsion nerveuse**). Quand l'influx atteint la jonction entre deux neurones, une substance chimique, le **neurotransmetteur**, est libérée. Si cette substance s'accumule en quantité suffisante sur le neurone suivant, l'influx passe.

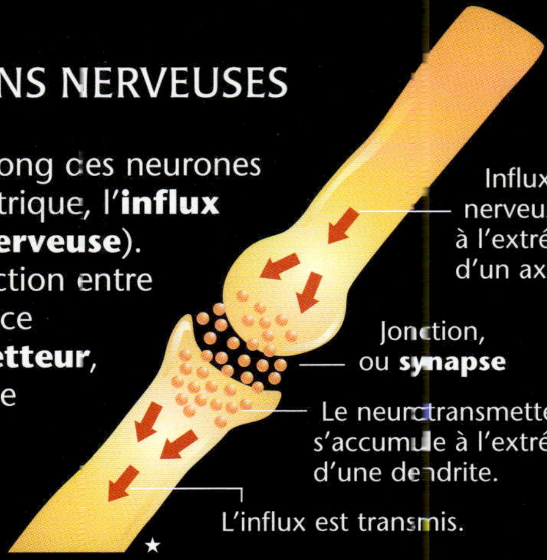

LES TYPES D'ACTIONS

L'organisme produit deux types d'actions. Les **actions volontaires** sont celles que le cerveau peut contrôler consciemment, comme soulever une tasse. Avant de décider d'une action, les influx nerveux atteignent le cerveau et sont analysés. Les **actions involontaires** sont celles que le cerveau contrôle inconsciemment. Par exemple, la digestion, la respiration ou la circulation sont involontaires. Les nerfs qui contrôlent les actions involontaires forment le **système nerveux autonome** ou **végétatif**.

LES RÉFLEXES

Les **mouvements réflexes** sont des actions involontaires. Ils sont soudains, comme retirer la main d'une source de chaleur. La plupart des réflexes sont commandés par la moelle épinière. Si l'on en a conscience, c'est que d'autres influx sont envoyés au cerveau pour l'en informer. Le chemin suivi par l'influx d'un réflexe est appelé **arc réflexe**.

L'arc réflexe

Chemin emprunté par l'influx nerveux lorsqu'on se pique le doigt.

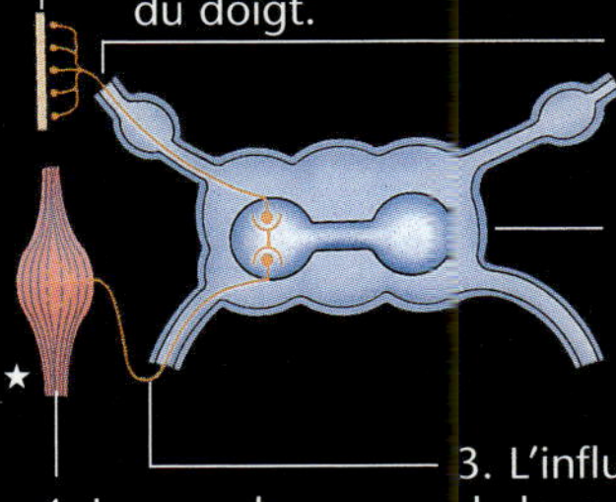

Les filaments entrelacés sur la gauche sont des fibres nerveuses du cerveau.

Observe par toi-même

Assis sur une chaise, laisse pendre tes jambes. Avec le tranchant de la main, frappe un coup sec juste au-dessous d'une de tes rotules. Si tu frappes le bon endroit, ta jambe se redressera brusquement. C'est un mouvement réflexe.

Liens Internet

Pour les liens vers ces sites, connecte-toi à : **www.usborne-quicklinks.com/fr**

Site 1
Un lien sur le système nerveux et sensoriel.

Site 2
Une fiche sur le système nerveux central, avec des questions.

Site 3
L'anatomie du tissu nerveux, avec la structure d'un neurone.

LE CERVEAU

Le **cerveau** est le centre de contrôle de l'organisme. Les informations, sous forme d'influx nerveux*, y arrivent et en repartent en transitant par la moelle épinière. C'est le seul organe capable de prendre des décisions et de commander des actions, sur la base de l'expérience passée (informations stockées), des événements présents et des projets futurs.

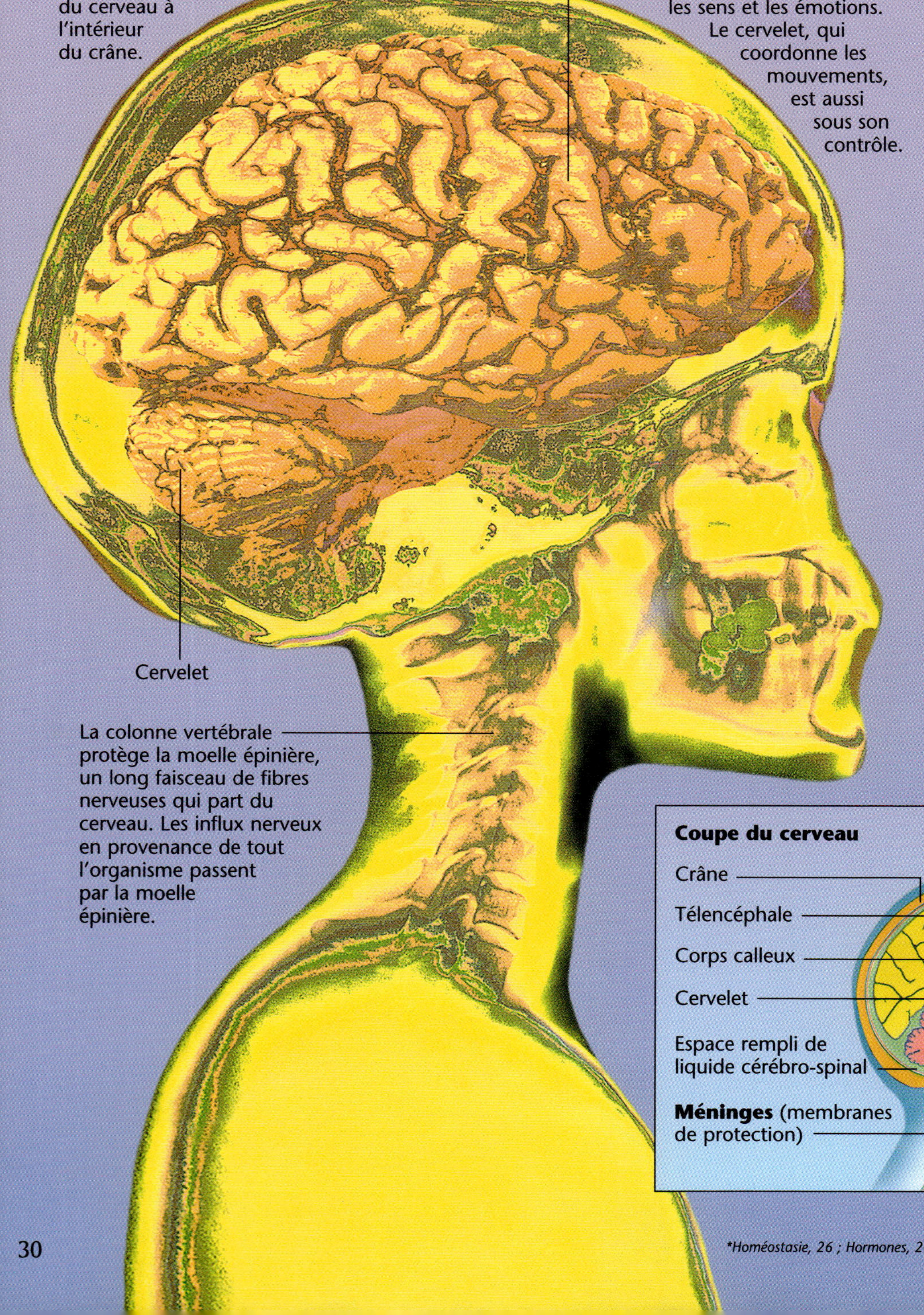

Image informatique montrant la position du cerveau à l'intérieur du crâne.

Le télencéphale est la partie la plus importante. Il gère l'intelligence, les sens et les émotions. Le cervelet, qui coordonne les mouvements, est aussi sous son contrôle.

Cervelet

La colonne vertébrale protège la moelle épinière, un long faisceau de fibres nerveuses qui part du cerveau. Les influx nerveux en provenance de tout l'organisme passent par la moelle épinière.

L'INTÉRIEUR DU CERVEAU

Constitué de millions de neurones*, le cerveau (ou encéphale) est protégé par le crâne et une mince couche fluide, le **liquide cérébro-spinal (céphalo-rachidien)**. On distingue quatre parties : le télencéphale, le cervelet, le diencéphale et le tronc cérébral.

Le **télencéphale** est la plus grosse partie du cerveau. Il contrôle les activités physiques et un grand nombre d'activités mentales, comme penser ou apprendre, et supervise aussi l'activité du **cervelet**, chargé de la coordination des mouvements musculaires et de l'équilibre.

Le **diencéphale** a deux parties : le **thalamus** trie les influx qui arrivent au cerveau et les dirige vers d'autres zones pour qu'ils y soient traités ; l'**hypothalamus** joue un rôle vital dans l'homéostasie*. Il contrôle la faim, la soif, la température corporelle, et sécrète des hormones* par l'hypophyse.

Le **tronc cérébral**, composé du **mésencéphale**, de la **protubérance annulaire** et du **bulbe rachidien**, contrôle les fonctions automatiques, comme le rythme cardiaque et la respiration.

Coupe du cerveau

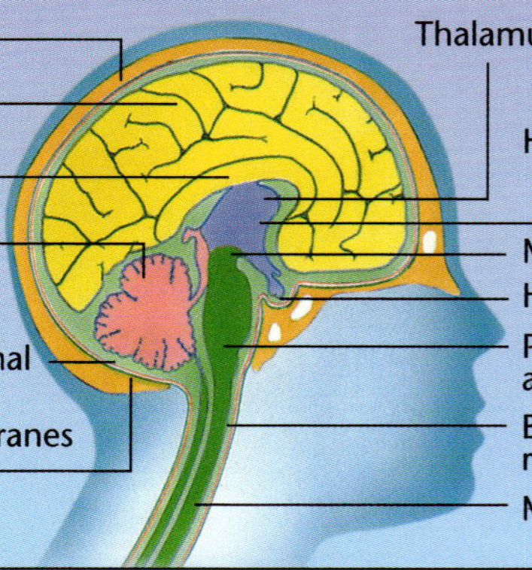

*Homéostasie, 26 ; Hormones, 26, 27 ; Influx nerveux, 29 ; Neurones, 28.

AIRES DU TÉLENCÉPHALE

La couche externe du télencéphale, ou **cortex cérébral** (**matière grise**), peut être divisée en trois types d'aires. Les **aires sensorielles** reçoivent des informations de toutes les parties du corps, comme les yeux et les oreilles. Les **aires associatives** analysent les informations et prennent des décisions. Enfin, les **aires motrices** envoient des ordres aux muscles et aux glandes*.

Les aires fonctionnelles

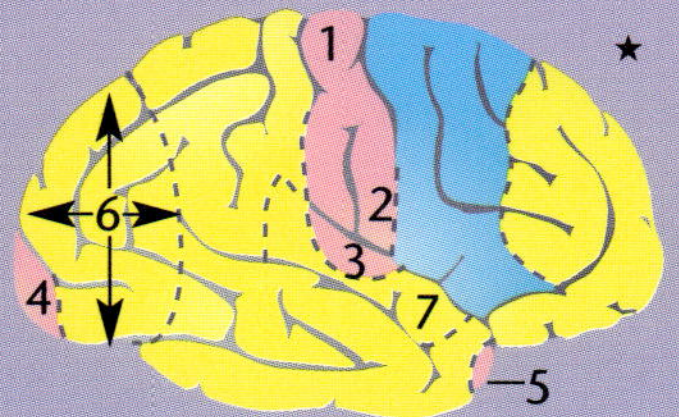

Aires sensorielles
1. Reçoit l'influx des muscles, de la peau et des organes internes.
2. Reçoit l'influx de la langue.
3. Reçoit l'influx des oreilles.
4. Reçoit l'influx des yeux.
5. Reçoit l'influx du nez.

Parmi les aires associatives
6. Aire de la vue
7. Aire de l'ouïe

Aires motrices : chaque minuscule zone envoie l'influx à un muscle spécifique.

LES HÉMISPHÈRES

Les deux **hémisphères** composant le télencéphale sont reliés par le **corps calleux**, une épaisse bande de fibres nerveuses. Chaque hémisphère contrôle le côté opposé du corps ainsi que des fonctions spécifiques.

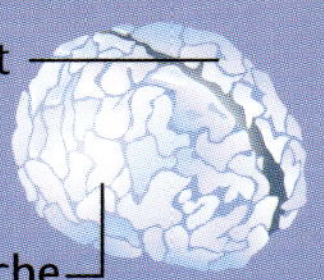

Chez les droitiers, par exemple, l'hémisphère gauche contrôle le langage tandis que l'hémisphère droit se spécialise dans la reconnaissance des objets. Chez les gauchers, c'est généralement l'inverse.

*Glandes, 19, 27.

LA MÉMOIRE

On distingue deux types de mémoire : la **mémoire non déclarative** (**procédurale**) qui permet de se souvenir des procédures (les actions), comme de marcher ou de faire du vélo ; et la **mémoire déclarative** qui permet de se rappeler les informations spécifiques.

La mémoire comporte aussi deux niveaux : la **mémoire à court terme** ne stocke les informations que quelques minutes, alors que la **mémoire à long terme** peut les mémoriser beaucoup plus longtemps, voire pendant la vie entière.

Observe par toi-même

Teste ta mémoire à court terme en lisant cette suite de chiffres. Combien peux-tu en mémoriser et en retranscrire dans l'ordre ? La plupart des gens ne peuvent pas se rappeler plus de sept chiffres.

3 0 9 7 1 2 8 5 4 1 6 9

LES ONDES CÉRÉBRALES

Les impulsions électriques entre les cellules nerveuses du cerveau peuvent être détectées à travers le crâne au moyen d'**électrodes**. Ces **ondes cérébrales** sont enregistrées sur un graphique appelé **électroencéphalogramme** (**EEG**). Les médecins se servent des EEG pour déterminer si le cerveau d'une personne fonctionne normalement.

Les types d'ondes cérébrales

Les **ondes alpha** caractérisent l'état d'éveil. Elles disparaissent lors du sommeil.

Les **ondes bêta** sont celles de la pensée ou de l'influx en provenance des sens.

Les **ondes thêta** sont présentes sur les EEG des enfants, ou des adultes souffrant de stress ou de problèmes cérébraux.

Les **ondes delta** sont sur les EEG d'un bébé et d'un adulte endormi. Chez l'adulte éveillé, elles peuvent révéler un désordre cérébral.

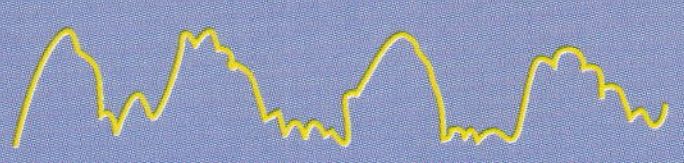

LE SOMMEIL

Les EEG sont aussi utilisés pour étudier l'activité du cerveau durant le sommeil. On distingue deux types de sommeil. Le **sommeil paradoxal** est caractérisé par des mouvements oculaires rapides, paupières closes. Le graphique montre des pics très rapprochés. Le cerveau est très actif ; c'est la phase des rêves. Au cours du **sommeil lent profond**, en revanche, l'activité cérébrale est réduite et les pics sont plus éloignés.

Liens Internet

Pour les liens vers ces sites, connecte-toi à : **www.usborne-quicklinks.com/fr**

Site 1
La chronologie historique des grandes découvertes sur le cerveau, comment on peut l'explorer, un glossaire.

Site 2
Explore le cerveau... avec un quiz.

Site 3
Explore le monde mystérieux du cerveau animal et humain.

Site 4
Les différents types de mémoire.

PEAU, ONGLES ET POILS

La **peau** est l'organe le plus étendu du corps. Avec le système pileux et les ongles, elle constitue le **système tégumentaire**. Celui-ci recouvre le corps et le protège des agressions, des infections et du dessèchement. La peau contribue aussi à garder la température du corps constante, élimine certains déchets, fabrique de la vitamine D et collecte des informations sur notre environnement.

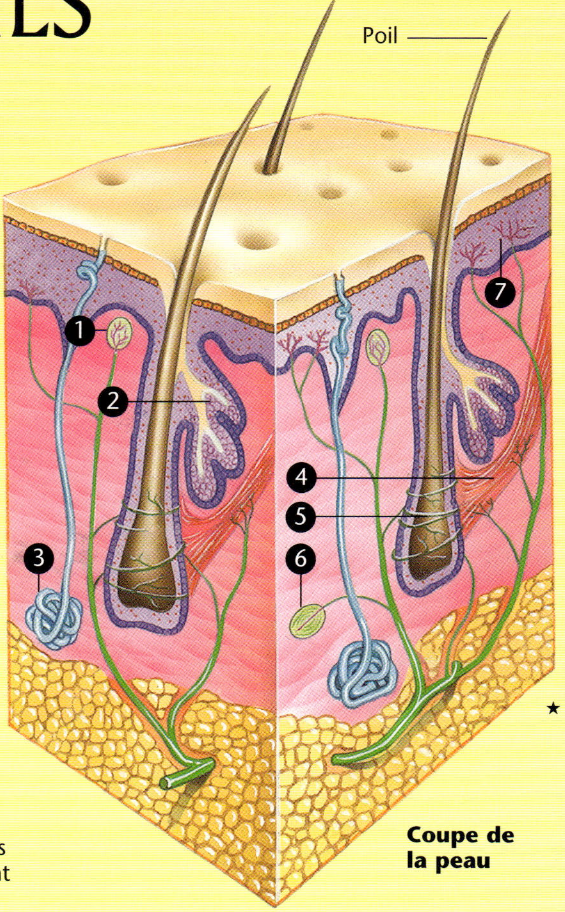

Coupe de la peau

DIFFÉRENTES COUCHES

La peau est constituée de deux couches principales : la couche externe, ou **épiderme**, et la couche interne, ou **derme**. Le derme renferme des vaisseaux sanguins et des récepteurs* nerveux. Sous le derme se trouve un tissu adipeux, l'**hypoderme**, qui sert d'isolant thermique.

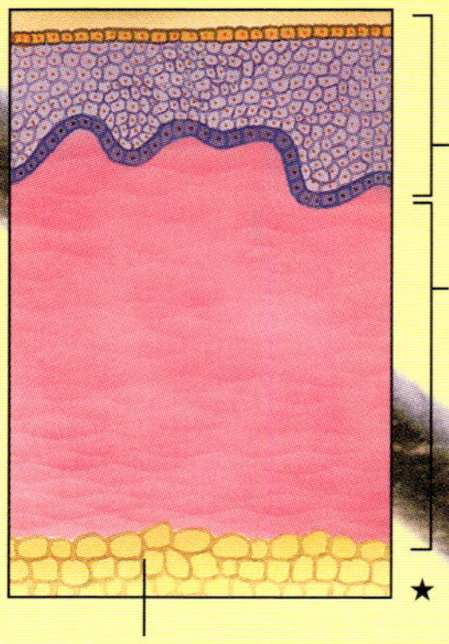

L'épiderme compte plusieurs sous-couches. La **couche cornée** externe est constituée de cellules mortes aplaties à base d'une protéine résistante et étanche, la **kératine**. Ces cellules s'usent continuellement et sont remplacées par des cellules du niveau inférieur.

STRUCTURE

La peau ne renferme pas que des vaisseaux sanguins (non montrés sur l'illustration), mais aussi d'autres structures qui ont d'autres fonctions.

Les structures de la peau

1. Les récepteurs du toucher, appelés **corpuscules de Meissner**, envoient des impulsions au cerveau quand la peau est touchée.
2. Les **glandes sébacées** produisent une substance huileuse, le **sébum**, qui graisse la peau et les cheveux et les maintient souples et imperméables.
3. Les **glandes sudoripares** produisent la sueur.
4. Les **muscles arrecteurs des poils** redressent les poils, par exemple lorsqu'il fait froid.
5. Les **plexus pileux** sont les terminaisons nerveuses formant un réseau autour des follicules pileux qui contiennent les poils. Ils envoient des impulsions au cerveau lorsque les poils bougent.
6. Des récepteurs de pression, ou **corpuscules de Pacini**, sont sensibles à la pression.
7. Les **terminaisons nerveuses** libres sont sensibles au froid, au chaud, à la pression ou à la douleur.

Observe par toi-même

Presse simplement un morceau de ruban adhésif sur le dos de ta main, puis arrache-le et regarde-le attentivement sous une loupe. Tu devrais voir de minuscules pellicules de peau morte.

Peau et poils grossis plus de 1 000 fois

Ces pellicules sont des cellules de peau morte de la couche cornée de l'épiderme. Lorsqu'elles tombent, elles sont remplacées par les cellules de la couche inférieure.

Récepteurs, 28.

LA RÉGULATION THERMIQUE

La peau joue un rôle vital pour conserver la température du corps constante, comme expliqué ici.

Comment elle rafraîchit l'organisme

Dilatation des vaisseaux sanguins : la peau élimine plus de chaleur.

Les poils s'aplatissent de façon à ne pas emprisonner d'air chaud.

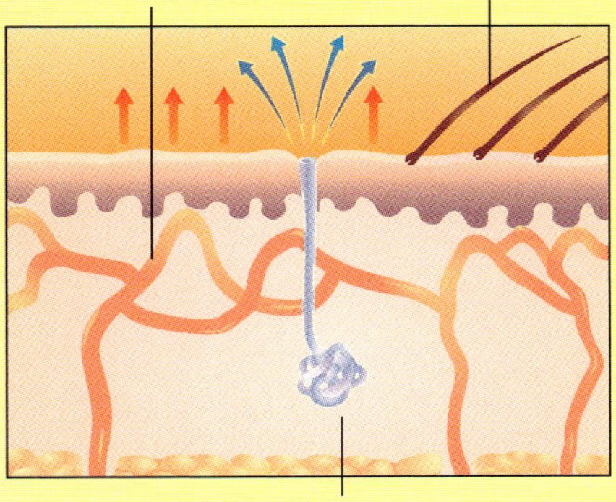

La sueur produite s'évapore par des trous minuscules, les **pores sudoripares**. En séchant, elle utilise la chaleur de la peau et la rafraîchit.

Comment elle retient la chaleur

Contraction des vaisseaux sanguins : la peau élimine moins de chaleur.

Les muscles arrecteurs se contractent et redressent les poils qui piègent la chaleur.

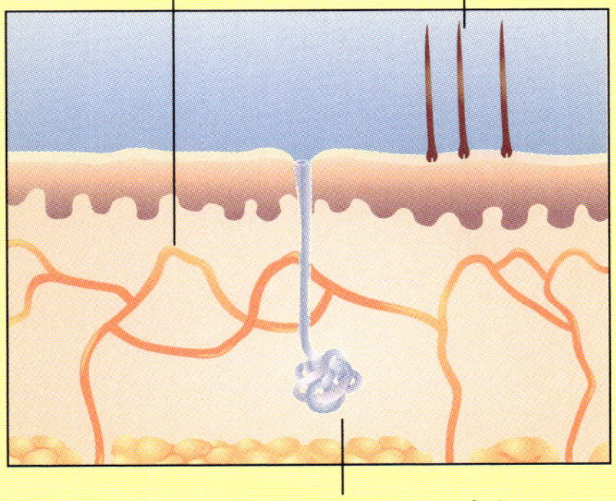

Les glandes sudoripares ne produisent pas de sueur.

Les frissons contribuent aussi à maintenir la chaleur corporelle : en se contractant automatiquement, les muscles produisent de la chaleur.

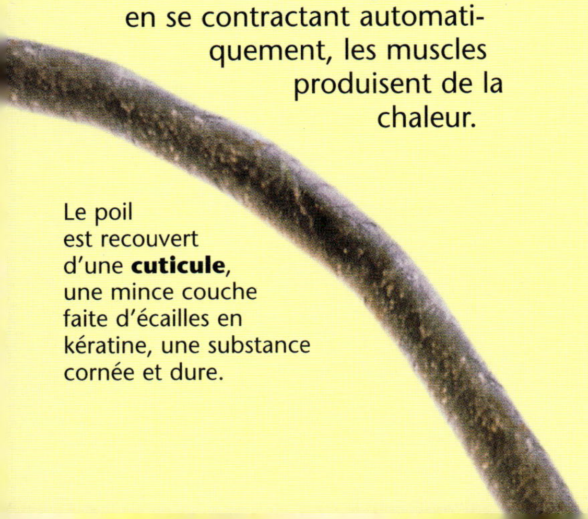

Le poil est recouvert d'une **cuticule**, une mince couche faite d'écailles en kératine, une substance cornée et dure.

LES ONGLES

Les ongles protègent les extrémités sensibles des doigts et aident à toucher et à saisir les objets. Comme la peau, ils sont riches en kératine. Ils poussent à partir de la **racine**, une rangée de cellules qui se divisent.

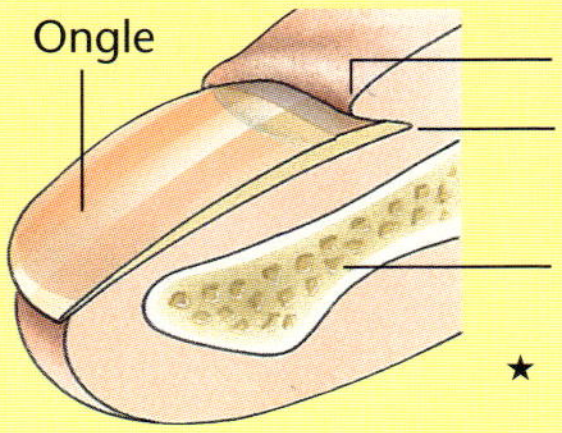

POILS ET CHEVEUX

Le cheveu est un poil. Comme lui, il pousse dans un **follicule pileux**, une minuscule cavité du derme. À la base de chaque poil, les cellules qui se divisent le font grandir à travers le follicule. La partie visible, ou **tige**, est faite de cellules mortes, c'est pourquoi se couper les cheveux est indolore.

La croissance du poil

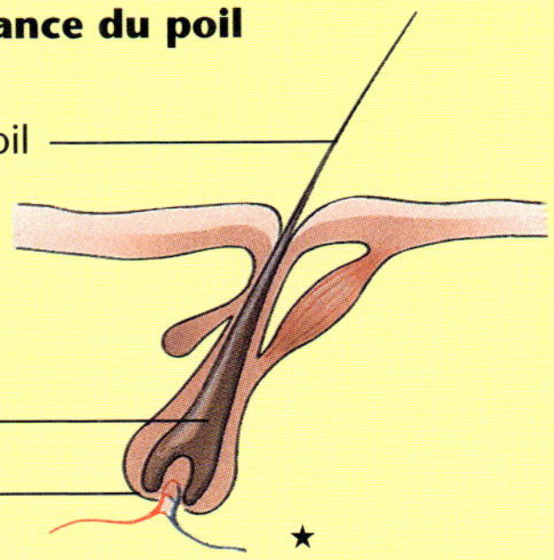

Les types de cheveux

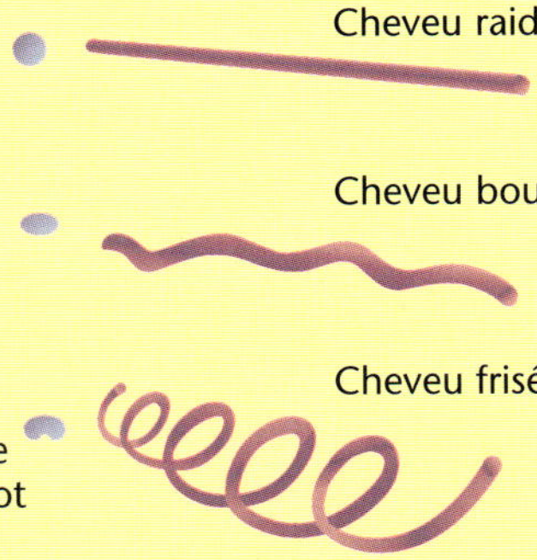

Le type des cheveux d'une personne dépend de la forme des follicules.

PEAU CLAIRE OU FONCÉE

La peau contient des cellules appelées **mélanocytes**, qui produisent une substance brune, la **mélanine**. La mélanine absorbe une partie des rayons ultraviolets nocifs du soleil et protège ainsi la peau. La quantité de mélanine détermine sa couleur.

Chez les personnes à peau claire, la mélanine se trouve seulement dans les couches profondes de l'épiderme, tandis que chez celles qui ont la peau foncée, elle est présente dans toutes les couches. Mélangée avec une substance appelée **carotène**, la mélanine donne à la peau une teinte jaune. Les **taches de rousseur** sont des zones de peau à forte concentration en mélanine.

La mélanine détermine aussi la couleur des cheveux. Les cheveux foncés sont riches en mélanine pure, les cheveux clairs en mélanine soufrée et les roux en un type de mélanine ferreuse.

Ces photos illustrent la diversité des couleurs de peaux et de cheveux.

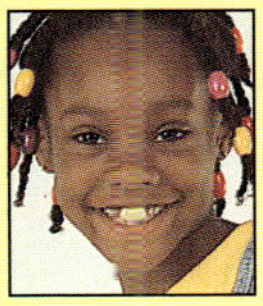

Liens Internet

Pour les liens vers ces sites, connecte-toi à : **www.usborne-quicklinks.com/fr**

Site 1
Un lien consacré à la peau.

Site 2
Les questions que tu peux te poser à propos de la peau.

Site 3
Une page amusante sur la chair de poule.

Site 4
Pars à la découverte du cheveu.

Site 5
Une exposition consacrée au cheveu.

LES YEUX ET LA VUE

Les **yeux** sont les organes de la vue. Nous voyons parce que les rayons lumineux se réfléchissent sur les objets et pénètrent à l'intérieur des yeux. Au fond, des cellules sensibles à la lumière envoient des informations au cerveau, qui les interprète sous la forme d'une **image**. Chaque œil voit les objets sous un angle différent. Le cerveau combine ces images pour permettre de voir en 3D ; c'est la **vision binoculaire**.

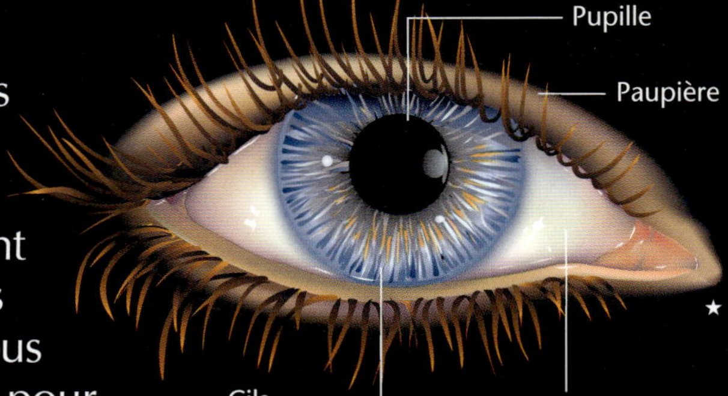

LE FONCTIONNEMENT DE L'ŒIL

Les rayons lumineux pénètrent dans l'œil par un trou, la **pupille**. Ils traversent une membrane transparente, la **cornée**, et une lentille, le **cristallin**. Ceux-ci réfractent (courbent) les rayons de manière qu'ils forment une image inversée sur la **rétine**, au fond de l'œil.

La rétine est tapissée de récepteurs* sensibles à la lumière, les **bâtonnets** et les **cônes**. Ceux-ci convertissent l'image en influx nerveux et l'envoient au cerveau par le **nerf optique**. Ce dernier interprète l'influx comme une image et la remet à l'endroit.

Coupe de l'œil

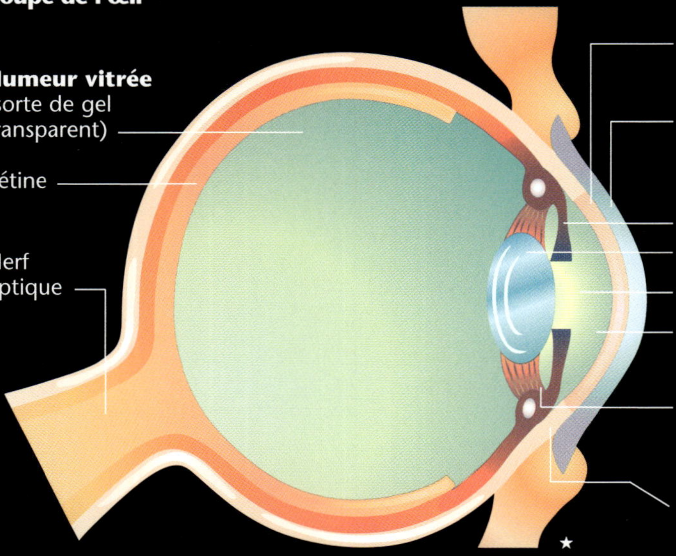

Observe par toi-même

Le disque blanchâtre situé au centre de la rétine (où émerge le nerf optique) est dépourvu de cônes et de bâtonnets. Sur cette zone appelée **papille optique**, tu ne peux pas voir d'image. Mets la tienne en évidence en tenant cette page à bout de bras. Ferme l'œil gauche et fixe le carré avec l'œil droit. Rapproche la page lentement de ton visage : le cercle disparaît.

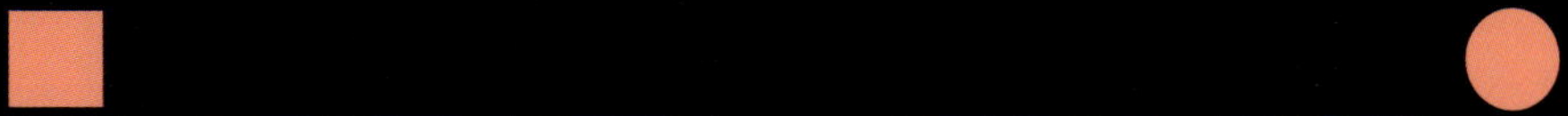

CÔNES ET BÂTONNETS

L'œil possède environ 125 millions de bâtonnets et 7 millions de cônes. Les bâtonnets ne détectent que le noir et le blanc et servent à voir par faible luminosité. La nuit, ils sont les seuls à travailler, on voit donc surtout en dégradé de gris. Les cônes détectent les couleurs mais ont besoin d'une bonne lumière pour être efficaces.

Détail de la rétine

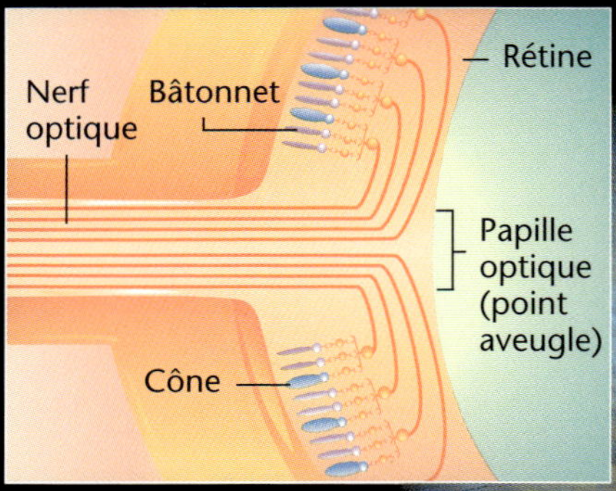

Il existe trois types de cônes, sensibles soit à la lumière rouge, verte ou bleue. Chaque type répond avec une intensité différente selon la couleur regardée. Par exemple, lorsqu'on regarde un objet violet, les cônes bleus et rouges répondent davantage que les verts. Les **daltoniens** ne peuvent voir certaines couleurs, car leurs cônes sont défectueux.

*Récepteurs, 28.

LA PUPILLE

L'**iris** (partie colorée) contient des muscles (**dilatateur** et **sphincter**) qui contrôlent l'ouverture de la pupille et la quantité de lumière qui pénètre dans l'œil. Dans l'obscurité, le muscle dilatateur se contracte et la pupille s'élargit. Par lumière vive, le sphincter se contracte ; la pupille rétrécit pour éviter l'éblouissement.

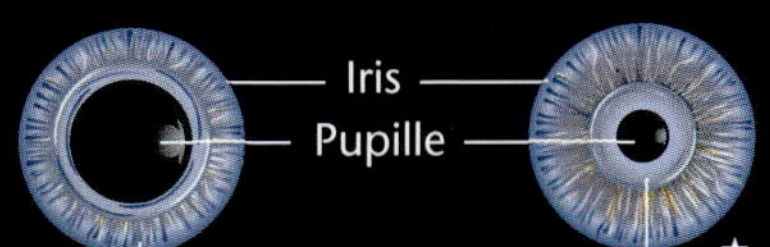

Iris et pupille

Les fins filaments sont des fibres musculaires du dilatateur qui contrôle l'ouverture de la pupille.

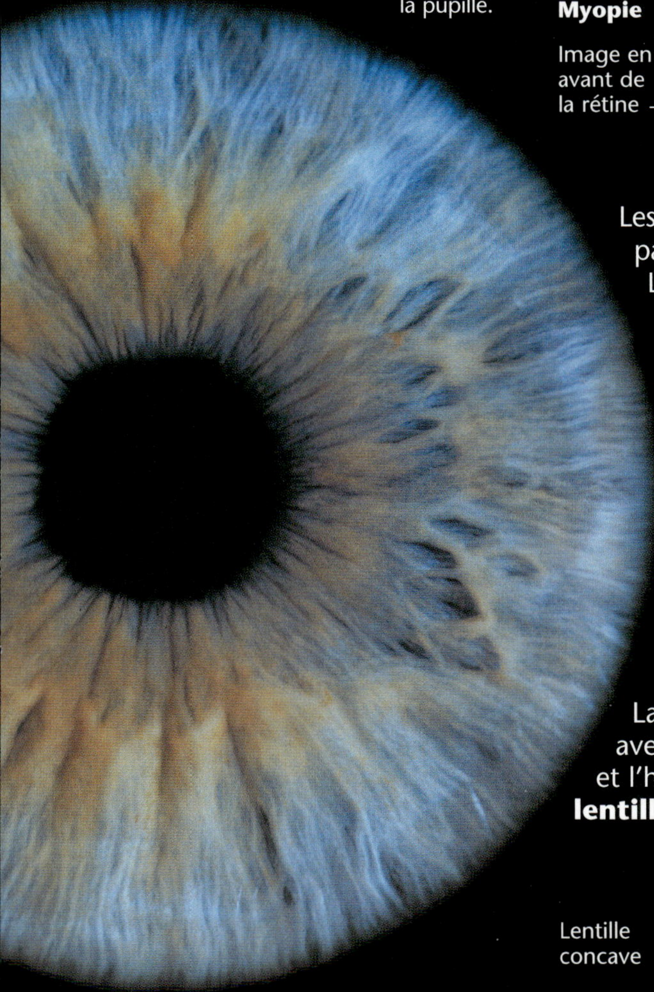

L'ACUITÉ VISUELLE

Les rayons lumineux entrant dans l'œil sont réfractés par la cornée et le cristallin. Leur point de convergence est le **foyer**. S'ils se concentrent sur la rétine, la vision est nette et claire. Le cristallin modifie sa courbure pour s'adapter à la distance des objets. Il réfracte les rayons selon des angles différents pour que l'image soit toujours nette.

Une vision parfaite

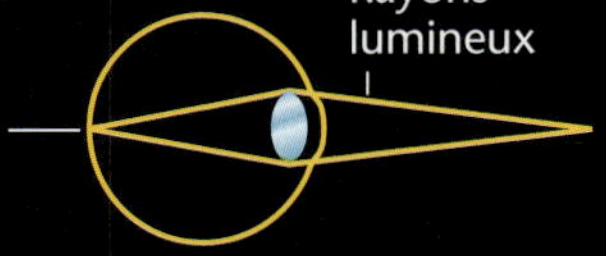

Certaines personnes sont incapables de faire le point. Les **myopes** voient les objets éloignés flous. Leurs globes oculaires sont allongés et leur cristallin réfracte trop les rayons. L'image se forme en avant de la rétine.

Myopie

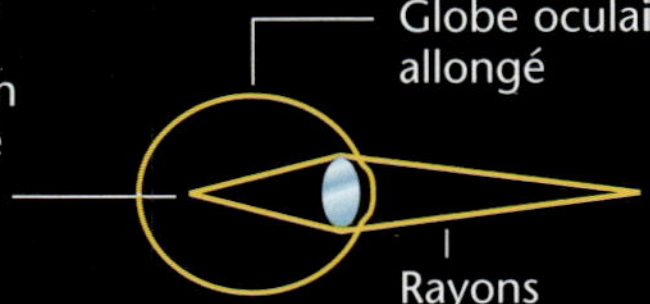

Les **hypermétropes** ne voient pas nets les objets proches. Leurs globes oculaires sont aplatis et le cristallin réfracte trop peu les rayons. L'image converge au-delà de la rétine.

Hypermétropie

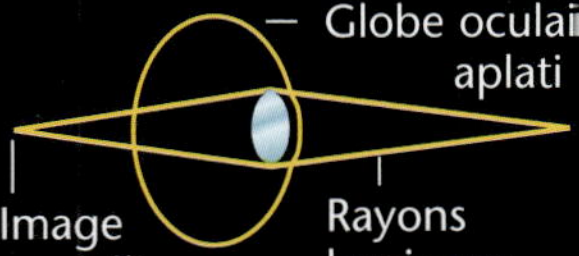

La myopie peut être corrigée avec des **lentilles concaves** et l'hypermétropie avec des **lentilles convexes**.

Lentille concave

Lentille convexe

PROTÉGER L'ŒIL

Les yeux sont délicats. Une grande partie du globe oculaire est abritée par l'orbite. L'avant de l'œil est protégé par une fine membrane de peau, la **paupière**.

Protection de l'œil

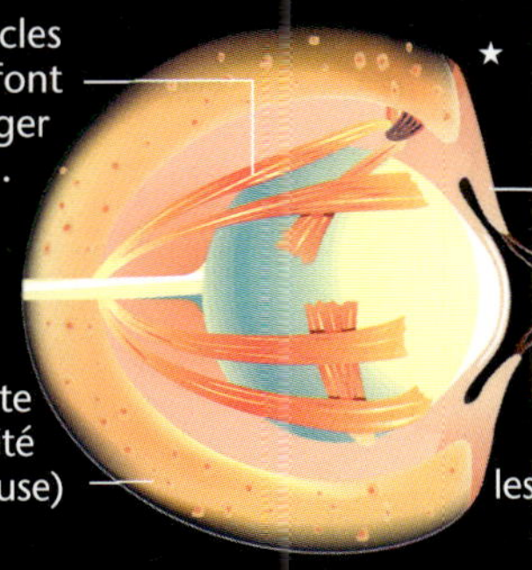

La paupière protège l'œil des saletés et poussières. À chaque clignement de l'œil, la paupière le lubrifie et le nettoie à l'aide des **larmes**. Celles-ci contiennent des substances chimiques qui tuent les bactéries. Elles sont sécrétées par les **glandes lacrymales** situées au-dessus de chaque œil et se drainent dans le nez par les **canaux lacrymaux**.

Système lacrymal de l'œil

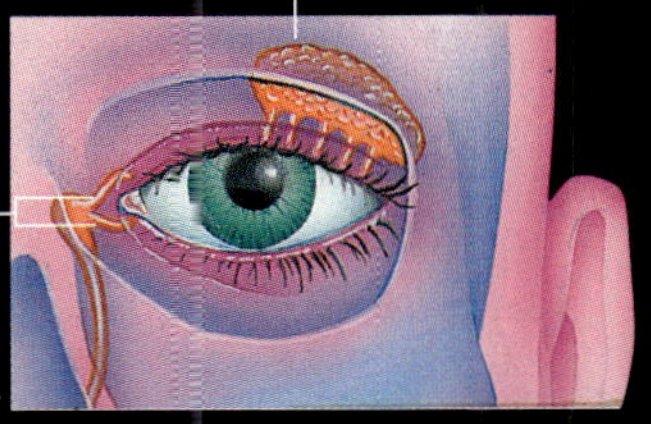

Liens Internet

Pour les liens vers ces sites, connecte-toi à : **www.usborne-quicklinks.com/fr**

Site 1
Un site très bien documenté sur l'œil, son anatomie et la vision.

Site 2
Un autre site qui traite de l'anatomie de l'œil.

Site 3
Pour en savoir plus sur le daltonisme.

Site 4
Le corps humain virtuel : explores-en différentes parties, dont l'œil.

LES OREILLES ET L'OUÏE

Les oreilles permettent d'entendre mais aussi de garder l'équilibre.

L'**oreille** est l'organe de l'ouïe. Les sons, ou **ondes sonores**, sont des vibrations. Elles pénètrent dans l'oreille et stimulent des récepteurs* qui envoient des impulsions nerveuses* au cerveau. Celui-ci les interprète et identifie le son. L'oreille assure également le sens de l'équilibre et nous informe sur l'inclinaison de notre corps.

L'OREILLE ET L'OUÏE

L'oreille est divisée en trois parties : l'**oreille externe** est la partie visible ; l'**oreille moyenne** et l'**oreille interne** (ou **labyrinthe**) sont les parties qui traitent les sons.

L'**auricule**, ou pavillon de l'oreille, dirige les ondes sonores vers le **canal auditif**. Au fond du canal, elles se heurtent à une membrane, le **tympan**, qu'elles font vibrer. Trois osselets minuscules (le **marteau**, l'**enclume** et l'**étrier**) relaient les vibrations vers la **fenêtre ovale** (une ouverture ovale couverte d'une fine membrane).

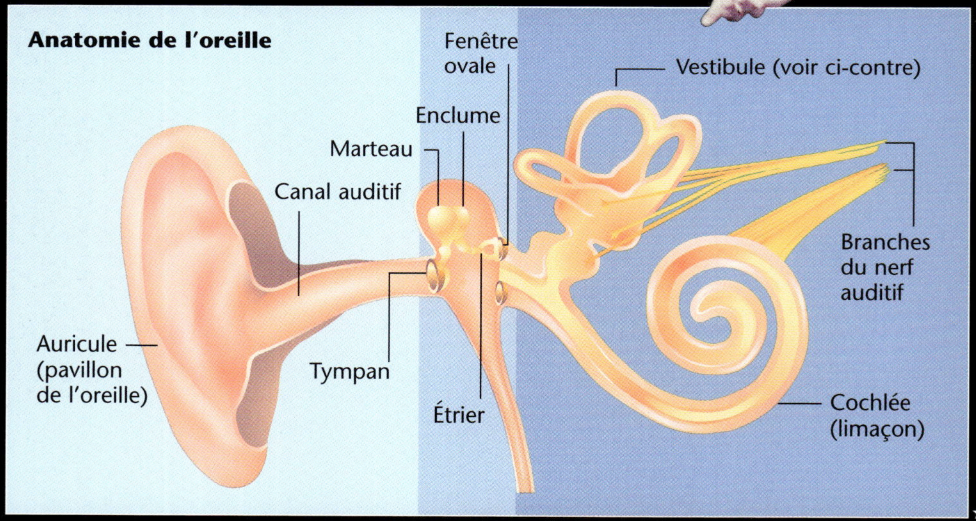

Oreille externe (remplie d'air)
Oreille moyenne (remplie d'air)
Oreille interne (remplie de fluide)

La fenêtre ovale vibre et transmet les vibrations à un tube en forme de spirale, la **cochlée**, ou **limaçon**.

La cochlée est constituée de trois chambres remplies de fluide. En passant dans le liquide, les vibrations stimulent de minuscules **cellules nerveuses ciliées auditives** attachées à une membrane, l'**organe de Corti,** qui traverse la cochlée. Ces cellules transforment les vibrations en influx nerveux qui voyagent par le **nerf auditif** jusqu'au cerveau. Celui-ci interprète les influx comme des sons ; c'est l'audition.

**Impulsion nerveuse, 29 ; Récepteurs, 28.*

L'ORGANE DE L'ÉQUILIBRE

Plusieurs parties du corps contribuent au maintien de l'équilibre. Les yeux nous renseignent sur la position du corps, ainsi que des **récepteurs d'étirement**, les **organes tendineux de Golgi**, présents dans les muscles et les tendons.

Le **système vestibulaire** de l'oreille interne joue également un rôle important dans le maintien de l'équilibre. Il est constitué de deux parties : trois canaux semi-circulaires et deux vésicules, le saccule et l'utricule.

Le système vestibulaire

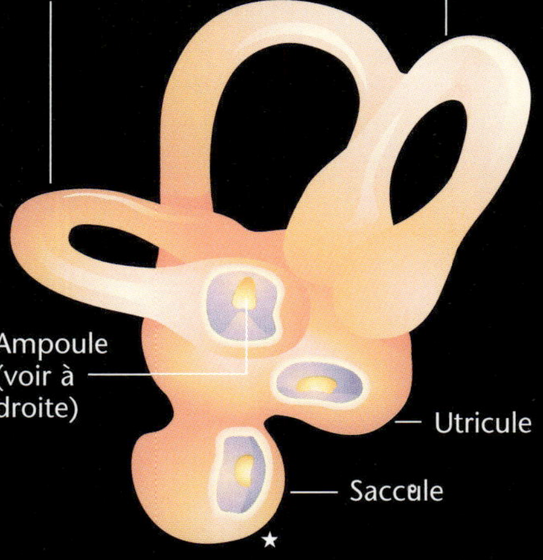

Observe par toi-même

Si tu tournes sur toi-même rapidement puis que tu t'arrêtes, tu te sentiras sans doute étourdi. C'est parce que le liquide des canaux semi-circulaires continue de tourner après l'arrêt de ton corps.

Tu peux obtenir un effet similaire en tenant un verre d'eau dans ta main et en le faisant tourner.

L'eau va continuer de tourner dans le verre pendant un moment après que tu as arrêté ton mouvement.

Les **canaux semi-circulaires** (**labyrinthe osseux**) contiennent des tubes remplis de fluide (**labyrinthe membraneux**). À la base de chacun se trouve une petite vésicule, l'**ampoule**, qui contient une sorte de protubérance gélatineuse, la **cupule**. Lorsque la tête tourne, le fluide se déplace plus lentement que la tête, ce qui provoque la flexion de la cupule. De minuscules **cellules ciliées**, à sa base, envoient les informations au cerveau.

Coupe d'une ampoule

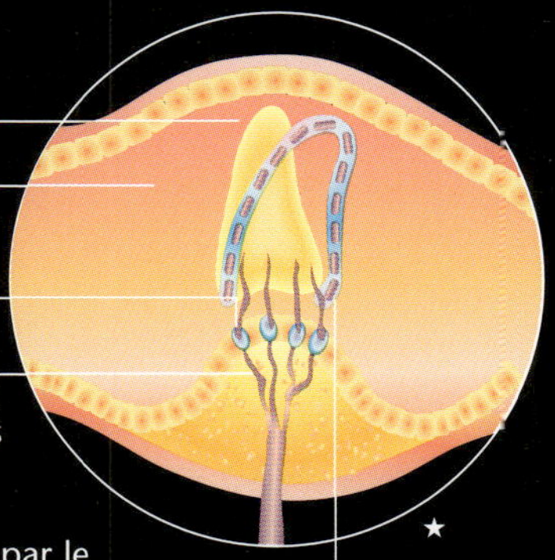

L'**utricule** et le **saccule** contiennent une petite tache, la **macula**, formée d'une sorte de gel. Celle-ci renferme de minuscules grains, les **otolithes**, et des cellules ciliées. Lorsque la tête tourne, la pesanteur fait glisser les otolithes d'un côté, ce qui entraîne aussi le gel et les cils. Ces récepteurs informent le cerveau des mouvements de la tête dans les trois plans de l'espace.

Coupe d'une macula

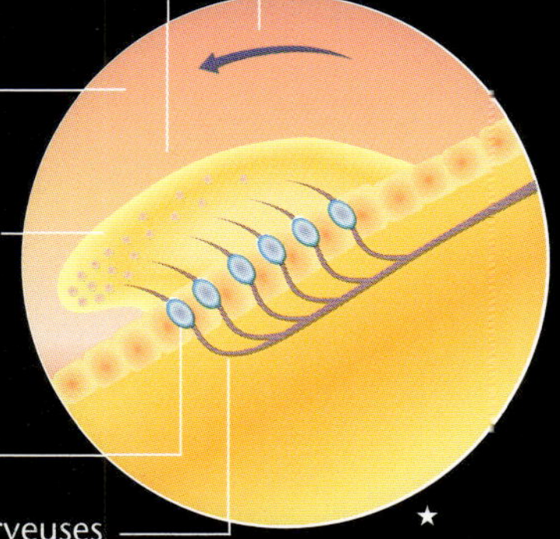

DEUX OREILLES

Comme nous possédons deux oreilles, le cerveau dispose de deux sources d'information sur les mouvements, la position et les sons. En combinant ces informations, il obtient plus de renseignements que si nous n'avions qu'une seule oreille.

Par exemple, avec deux oreilles, on peut localiser la source d'un bruit. Un son qui vient de gauche frappe l'oreille gauche un peu avant la droite et produit une vibration plus forte. Si le son vient de face ou de dos, il atteint les deux oreilles simultanément avec la même intensité.

Observe par toi-même

Utilise ce test pour déterminer comment ton cerveau localise les sons. Assieds-toi sur une chaise les yeux bandés et demande à quelqu'un de produire un bruit en tapant deux crayons à différents endroits autour et au-dessus de toi. Trouve d'où provient le son.

Tu trouveras probablement plus difficile de localiser le son lorsqu'il vient exactement de derrière toi, de devant ou d'au-dessus, aligné avec le centre de ton corps. C'est parce que les influx nerveux de tes oreilles atteignent ton cerveau simultanément.

Liens Internet

Pour les liens vers ces sites, connecte-toi à : **www.usborne-quicklinks.com/fr**

Site 1
Un site consacré à l'organe auditif.

Site 2
Sur le lien de ce site, tu peux tester tes connaissances relatives à l'oreille et à l'ouïe.

Site 3
Une fiche sur les sons et l'audition.

Site 4
Amuse-toi à faire des tests d'audition.

LE NEZ ET LA LANGUE

Le **nez** et la **langue** sont les organes de l'odorat et du goût. Les odeurs et les goûts sont des substances chimiques. Des cellules du nez et de la langue, appelées **chimiorécepteurs**, les détectent et envoient des informations au cerveau, qui les identifie. Les deux organes ont aussi d'autres rôles importants. Ainsi, le nez fait partie du système respiratoire et la langue contribue à la digestion et au langage.

Récolte de pétales de roses pour la fabrication de parfums. L'odorat humain peut détecter des parfums subtilement différents.

L'INTÉRIEUR DU NEZ

Les deux **narines** débouchent sur une partie vide, la **cavité nasale**. À chaque inspiration, l'air afflue vers la partie inférieure de la cavité nasale. Des poils courts y filtrent les grosses particules de poussière et le mucus* de la paroi réchauffe et humidifie l'air avant qu'il ne pénètre dans les poumons.

La partie supérieure de la cavité nasale (**épithélium olfactif**) est tapissée de **cils olfactifs** minuscules.

Ces cils sont les dendrites* de chimiorécepteurs, les **cellules olfactives**. Les **molécules odorantes** présentes dans l'air se dissolvent dans le mucus et sont absorbées par les cils. Les cellules olfactives envoient des influx* nerveux au cerveau, qui les interprète comme des odeurs.

En respirant normalement, de petites quantités d'air flottent dans la cavité nasale, mais si on renifle quelque chose, le jet d'air est dirigé directement vers les détecteurs d'odeurs ; c'est pourquoi l'odeur est plus forte.

L'intérieur du nez

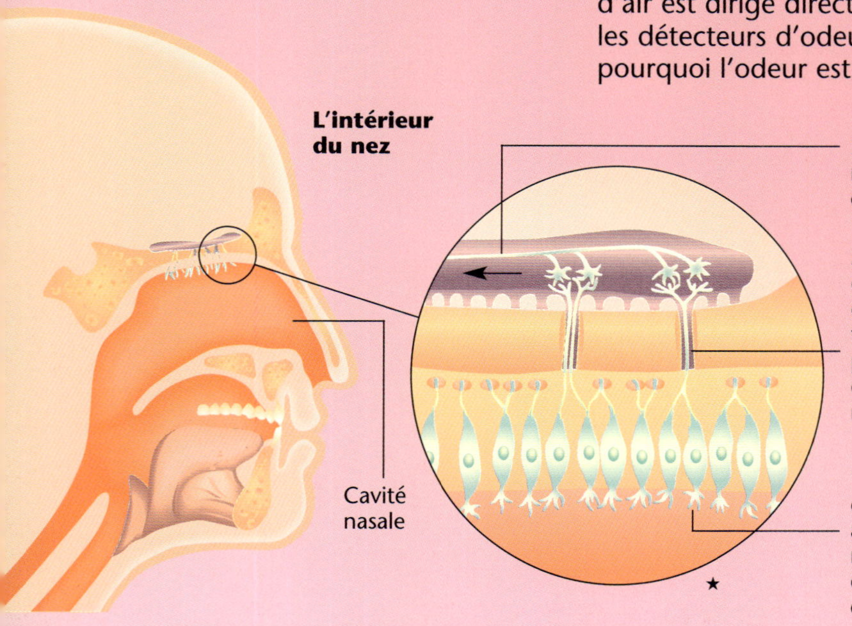

DIFFÉRENTES ODEURS

La plupart des gens peuvent reconnaître des milliers d'odeurs différentes. Les scientifiques ont longtemps pensé que toutes les odeurs étaient composées des sept odeurs de base ci-dessous. Mais des études plus récentes ont démontré qu'il en existe bien plus, probablement des centaines.

Les sept odeurs de base

Odeur	Exemple
Camphre	Antimites
Musc	Lotion après rasage/parfum
Florale	Rose
Menthe	Dentifrice
Éther	Détachant
Aigre	Vinaigre
Putride	Œuf pourri

Le sens de l'odorat est puissamment relié à la mémoire. Par exemple, l'odeur de l'herbe tondue peut raviver un souvenir précis, comme un pique-nique. En effet, les influx venant du nez sont analysés par la partie antérieure des hémisphères*, et cette partie du cerveau est aussi chargée de la mémoire et des sensations.

*Axones, 28 ; Dendrites, 28 ; Hémisphères, 30 ; Influx nerveux, 29 ; Mucus, 22.

LA LANGUE ET LE GOÛT

Le sens du goût nous renseigne avant tout sur la qualité et la fraîcheur des aliments. Ainsi, la nourriture pourrie et la plupart des plantes toxiques ont un goût épouvantable. Notre première réaction est donc de les recracher.

La surface de la langue est couverte de minuscules protubérances, les **papilles**, dont certaines possèdent des **bourgeons gustatifs** qui contiennent des chimiorécepteurs, les **cellules gustatives**. Sensibles aux substances chimiques des aliments qui se dissolvent dans la salive, elles envoient des influx nerveux au cerveau, qui interprète les goûts.

Les bourgeons gustatifs

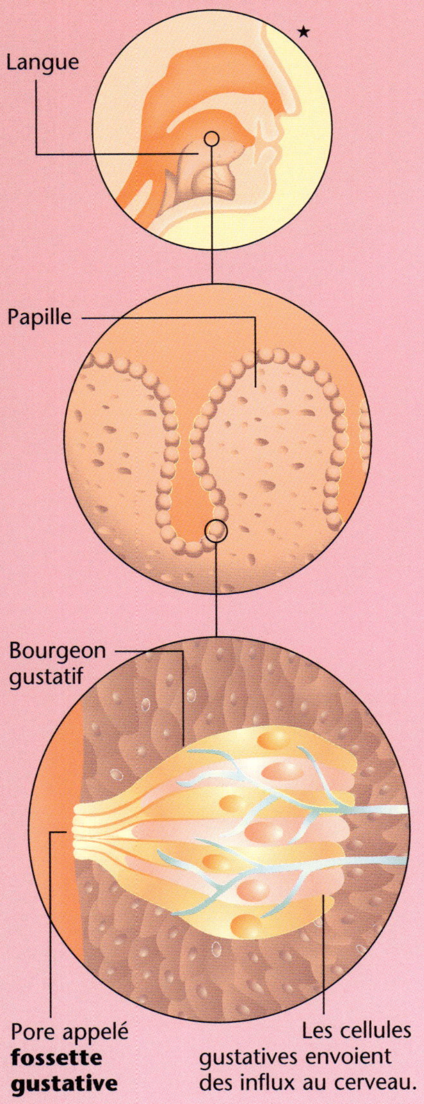

Zones de la langue sensibles aux saveurs

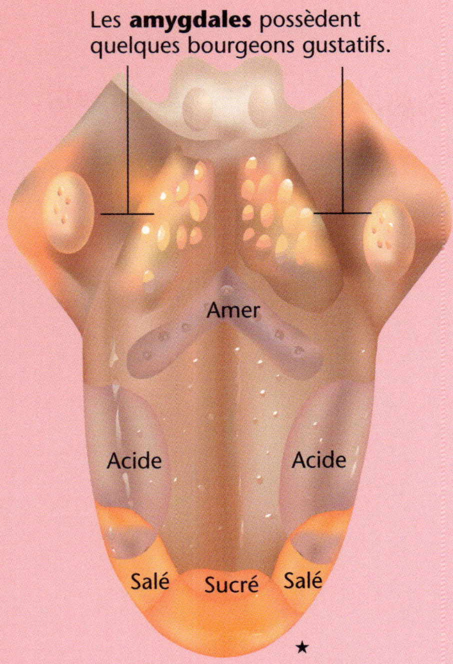

LES SAVEURS DE BASE

Acide : le citron

Bien qu'il y ait quelques bourgeons gustatifs dans la gorge, la plupart sont situés sur les côtés et à l'arrière de la langue. Selon leur localisation, ils répondent à des saveurs différentes. Les scientifiques en ont défini quatre principales : le salé, le sucré, l'amer et l'acide. Toutes les autres sont composées à partir de ces quatre saveurs de base, et d'odeurs détectées par le nez.

Sucré : les bonbons

Observe par toi-même

Lave-toi les mains. Avec un doigt, place quelques gouttes de café noir froid en différents endroits de ta langue. Remarque quelle zone est la plus sensible au goût amer du café. Recommence le test avec de l'eau salée, sucrée et du jus de citron. Entre chaque expérience, rince-toi la bouche avec de l'eau et sèche-la avec un morceau de pain.

Observe par toi-même

Ce test met en évidence le lien qui existe entre les sens du goût et de l'odorat. Râpe un peu de pomme, de poire et de carotte dans des bols différents. Bouche-toi le nez et ferme les yeux, et demande à quelqu'un de mettre une cuiller de chaque aliment dans ta bouche, l'un après l'autre. Tente de les identifier. Refais l'expérience, mais cette fois sans te boucher le nez. Tu trouveras les aliments plus faciles à reconnaître.

LE GOÛT ET L'ODORAT

Les sens du goût et de l'odorat sont étroitement liés. Lorsqu'on mange, des molécules odorantes émises par les aliments passent du pharynx* à la cavité nasale, où l'odeur est détectée normalement.

Lorsqu'on attrape froid, on perd souvent le sens de l'odorat et du goût. C'est parce que les parois du nez enflent et produisent un mucus plus épais que d'ordinaire. Les molécules odorantes ont alors plus de mal à atteindre les cils olfactifs. La langue peut toujours détecter les saveurs de base, mais on ne peut plus identifier des saveurs plus subtiles.

Liens Internet

Pour les liens vers ces sites, connecte-toi à : **www.usborne quicklinks.com/fr**

Site 1
La langue et la gustation.

Site 2
Comment fonctionnent l'odorat et le goût.

Site 3
L'odorat expliqué aux plus jeunes...

Site 4
Et le goût.

Site 5
Une page sur laquelle tu peux tester tes connaissances sur l'odorat et le goût.

*Pharynx, 18.

LA REPRODUCTION

La **reproduction** est la création d'une nouvelle vie, grâce aux organes du corps formant le **système reproducteur**. L'homme produit des **gamètes** (cellules reproductrices) mâles, ou **spermatozoïdes**, et la femme des gamètes femelles, ou **ovules**. Quand un spermatozoïde rencontre un ovule, une nouvelle vie commence. L'ovule fécondé se divise plusieurs fois avant de devenir un bébé.

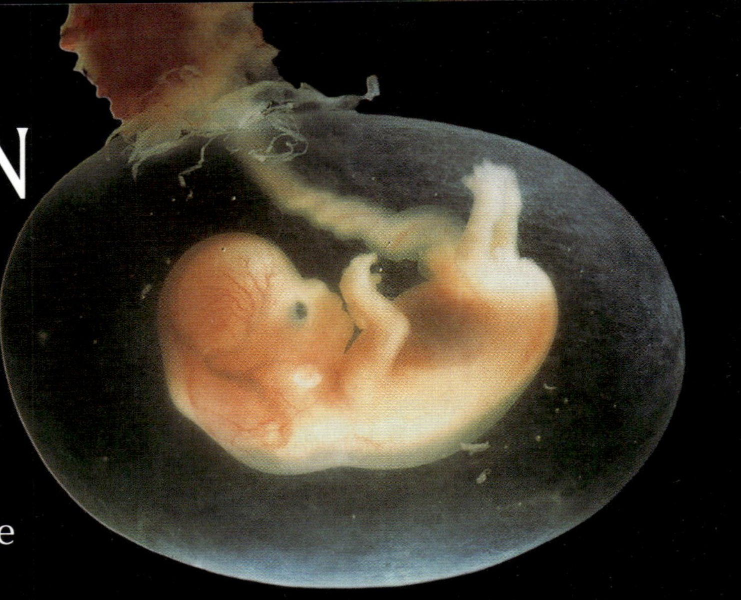

À l'intérieur de l'utérus de sa mère, ce fœtus de huit semaines mesure 3 cm de long. Il flotte dans un sac rempli de liquide, la **poche amniotique**.

SYSTÈME REPRODUCTEUR DE L'HOMME

Spermatozoïde

Les spermatozoïdes sont fabriqués dans les **testicules** et stockés dans l'**épididyme**, un organe allongé situé à l'arrière de chaque testicule. Les testicules sont suspendus à l'extérieur du corps dans un sac de peau, le **scrotum**. En effet, la température interne du corps est trop élevée pour la survie des spermatozoïdes.

Coupe du système reproducteur masculin

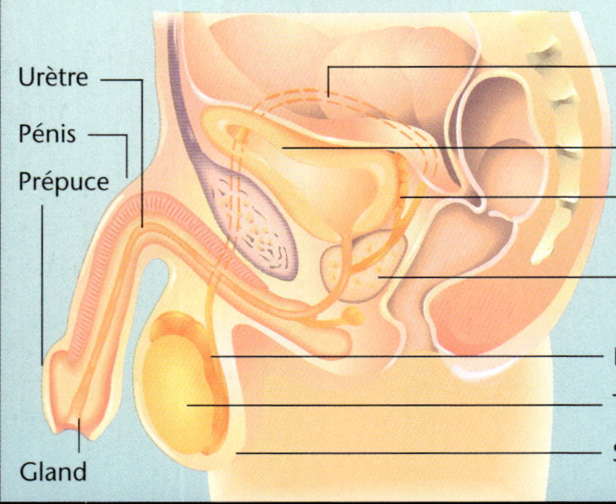

Plusieurs glandes, dont la **prostate** et les **vésicules séminales**, produisent le fluide dans lequel nagent les spermatozoïdes. C'est le **sperme**, ou **semence**. Il arrive au pénis par les **canaux déférents**, qui débouchent dans l'urètre*. Le **pénis** est l'organe qui permet au sperme (et à l'urine) de s'évacuer. Son extrémité, le **gland**, très sensible, est protégée par un capuchon de peau, le **prépuce**.

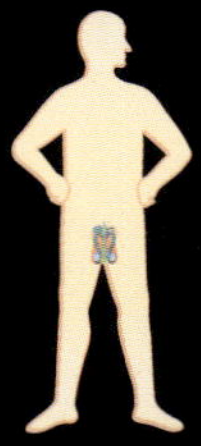

Position des organes reproducteurs de l'homme

SYSTÈME REPRODUCTEUR DE LA FEMME

À sa naissance, la petite fille possède déjà des milliers d'ovules stockés dans deux organes, les **ovaires**. À partir de la puberté*, un ovule est libéré par un ovaire dans l'une des **trompes de Fallope**. Ce processus, appelé **ovulation**, est décrit plus en détail à la page 43.

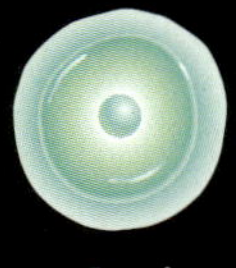

Ovule

Vue de face du système reproducteur féminin

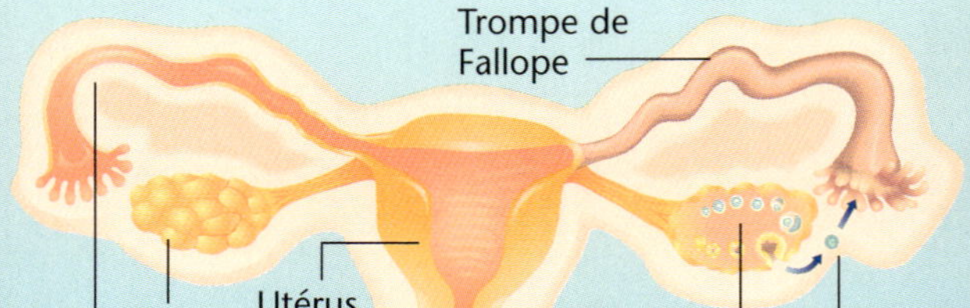

Les trompes de Fallope conduisent à un organe creux en forme de poire, l'**utérus**. C'est là que le bébé se développe lorsqu'un ovule est fécondé (voir à droite). L'utérus se prolonge par un canal musculeux, le **col de l'utérus**, qui s'ouvre sur le **vagin**. Celui-ci débouche à l'extérieur du corps. L'orifice du vagin se trouve derrière celui de l'urètre. Les deux sont protégés par deux replis de peau, les **lèvres**.

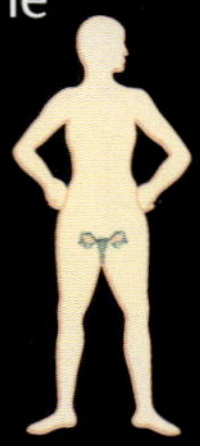

Position des organes reproducteurs de la femme

*Puberté, 43 ; Urètre, 26.

FAIRE UN BÉBÉ

Au cours d'un **rapport sexuel** (ou **acte sexuel**), le pénis entre en érection (durcit et s'allonge) et pénètre dans le vagin. Les muscles situés autour de l'urètre se contractent et propulsent du sperme hors du pénis dans le vagin ; c'est l'**éjaculation**.

Le sperme remonte dans l'utérus puis dans les trompes de Fallope. Si l'un des spermatozoïdes rencontre un ovule, ils fusionnent pour former un **zygote** (œuf fécondé), la première cellule d'un bébé ; c'est la **fécondation**, ou **conception**. S'il n'y a pas d'ovule, les spermatozoïdes meurent en quelques jours.

La fécondation

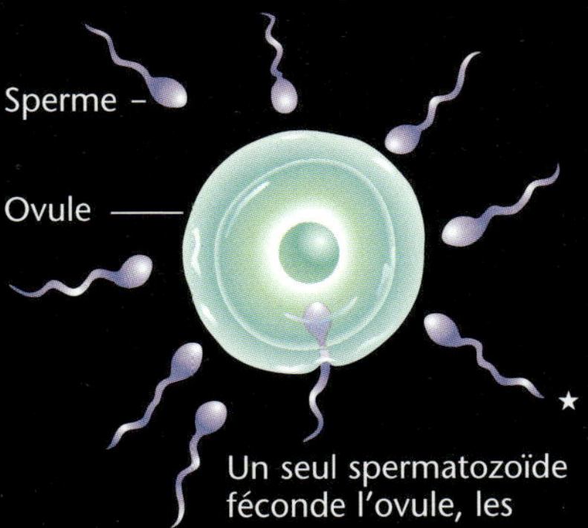

Un seul spermatozoïde féconde l'ovule, les autres meurent.

Il existe plusieurs méthodes, ou **contraception**, pour empêcher un ovule et un spermatozoïde de s'unir.

Liens Internet

Pour les liens vers ces sites, connecte-toi à : **www.usborne-quicklinks.com/fr**

Site 1
Pour en savoir plus sur les appareils génitaux de l'homme et de la femme.

Site 2
La croissance de l'embryon et du fœtus.

Site 3
Les capacités perceptives du fœtus dans le ventre de la mère. Étonnant...

Site 4
Le développement du fœtus en images.

DÉVELOPPEMENT DU BÉBÉ

Le zygote se divise en deux cellules identiques, qui se divisent à leur tour pour former un amas de cellules. Celui-ci s'implante dans la paroi de l'utérus. Ces cellules poursuivent leur division et se différencient en plusieurs types, cellules osseuses ou globules par exemple. Celles du même type se joignent pour constituer des **tissus**, comme des muscles. Différents tissus fabriquent les **organes**, puis les organes s'organisent en **systèmes** (voir aussi les pages 8-9).

Le bébé se développe pendant neuf mois. Les deux premiers mois, on l'appelle **embryon** et les sept dernier, **fœtus**. On dit alors que la femme est **enceinte**.

Avant sa naissance, le bébé reçoit nourriture et oxygène du sang de sa mère grâce à un organe appelé **placenta**, qui adhère à l'utérus. Ces échanges se font par un conduit, le **cordon ombilical**. Les déchets générés par le bébé prennent le chemin inverse.

Vers la fin de la grossesse, le bébé se retourne de façon que sa tête soit près du col de l'utérus. Lors de l'accouchement, les muscles de l'utérus de la mère se contractent pour pousser le bébé à travers le vagin : c'est le **travail**.

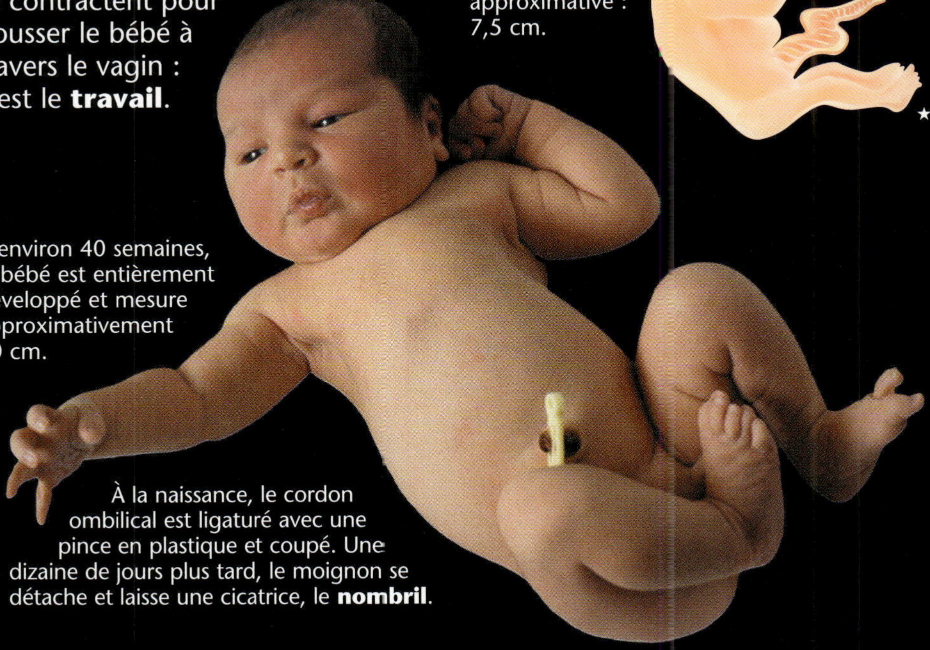

À environ 40 semaines, le bébé est entièrement développé et mesure approximativement 50 cm.

À la naissance, le cordon ombilical est ligaturé avec une pince en plastique et coupé. Une dizaine de jours plus tard, le moignon se détache et laisse une cicatrice, le **nombril**.

Étapes du développement de l'embryon et du fœtus

La rencontre d'un ovule et d'un spermatozoïde produit un œuf. Il se divise en deux. Ces deux cellules en donnent quatre, puis huit, seize, et ainsi de suite pour former un embryon.

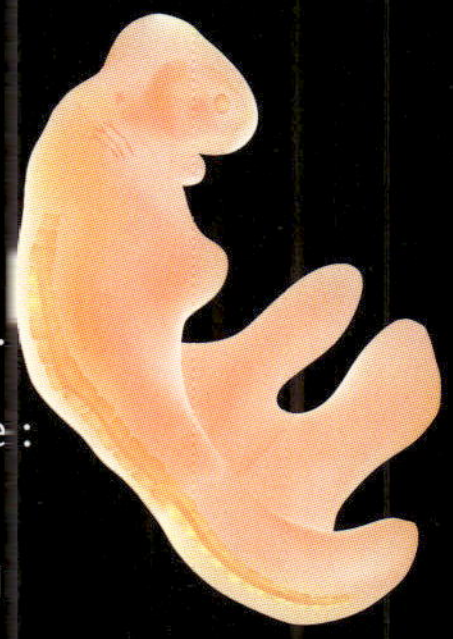

À six semaines, la colonne vertébrale et le cerveau sont en train de se former. Le cœur commence à battre.

Taille approximative : 2 cm

Le cordon ombilical relie l'embryon au placenta.

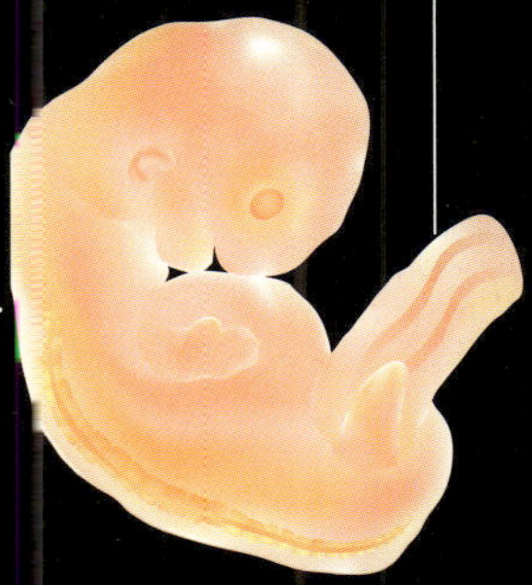

À sept semaines, de minuscules bourgeons se développent. Ils deviendront les bras et les jambes.

Taille approximative : 2,5 cm

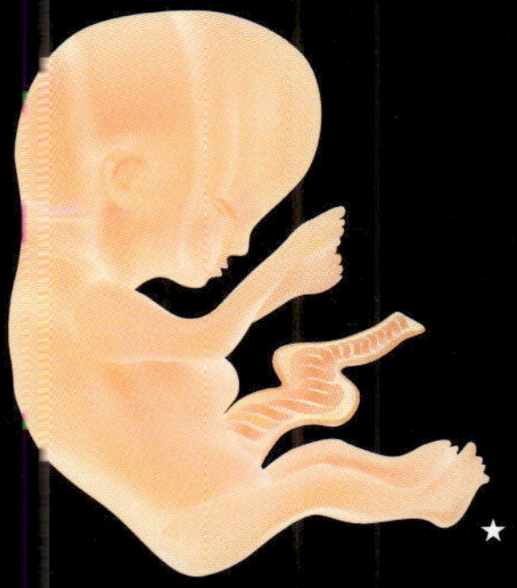

À douze semaines, tous les organes sont formés. Ils continuent à se développer les mois suivants.

Taille approximative : 7,5 cm.

LA CROISSANCE

Au cours des vingt premières années de sa vie, l'enfant devient un adulte. Son corps se transforme et son cerveau accumule de nombreuses connaissances. Cette période est appelée **croissance**. En vieillissant, le corps continue de changer, mais plus lentement. La croissance et le développement dépendent des gènes*, mais aussi d'autres facteurs, comme l'alimentation et l'activité.

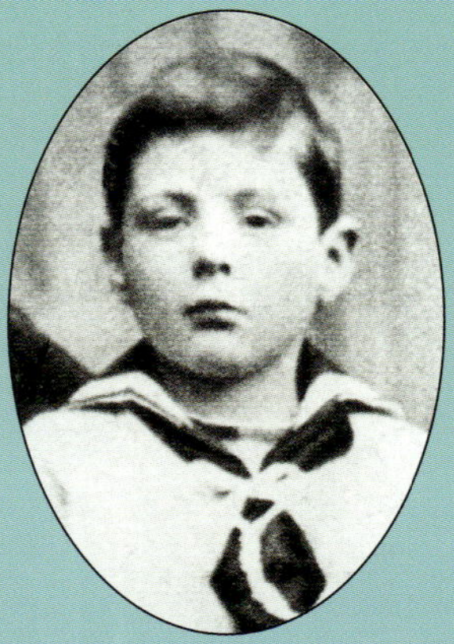

À l'âge de 7 ans, le visage de Winston Churchill est arrondi et il a la peau lisse.

LA CROISSANCE

L'organisme est formé de millions de types différents de cellules. Pour permettre la croissance, un grand nombre de ces cellules se divisent et donnent deux cellules identiques. Ce processus de division cellulaire est appelé **mitose**. Il sert aussi à remplacer les cellules qui s'usent et meurent.

Certaines parties du corps grandissent à une vitesse différente selon la période de la vie. Cela signifie qu'à mesure que le corps grandit, ses proportions changent. Ainsi, la tête d'un bébé représente le quart de sa taille, mais seulement le huitième chez un adulte.

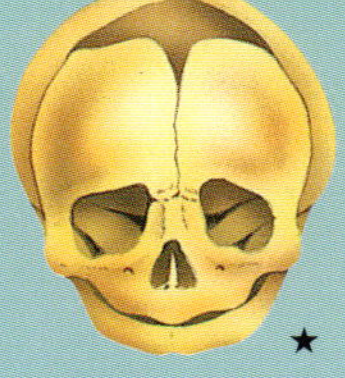

Crâne d'enfant

La forme de la tête évolue également. Le crâne d'un bébé possède une zone encore molle, la **fontanelle**. Cet espace s'ossifie progressivement au cours des premières années, et le crâne change de forme. La plupart des parties du corps arrêtent de croître vers l'âge de 18 ans, mais certaines, telles que les oreilles, continuent toute la vie. Avec l'âge, d'autres changements interviennent, la peau perd son élasticité par exemple (voir les photos à droite).

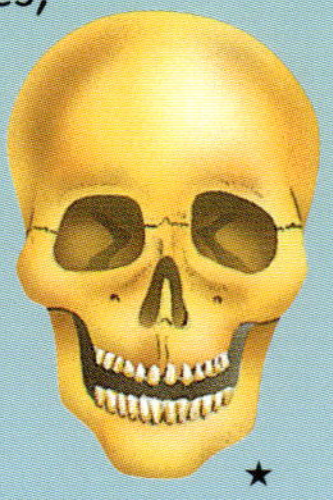

Crâne d'adulte

À 26 ans, son visage est plus long. Des rides commencent à apparaître sur son front, tandis que sa peau perd progressivement son élasticité.

Évolution des proportions du corps de l'enfance à l'âge adulte

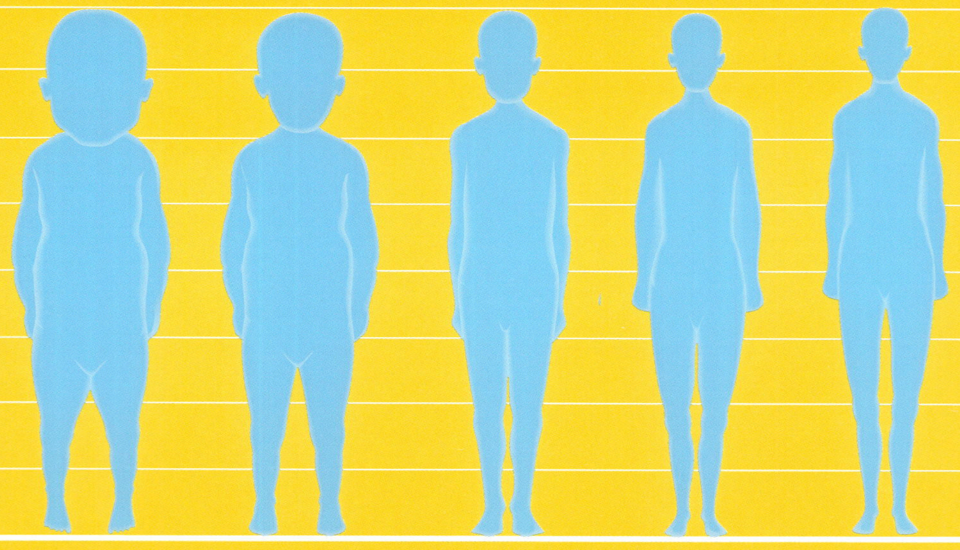

Passé 60 ans, sa peau est détendue, ce qui alourdit l'aspect de son visage.

*Gènes, 44-45.

LA PUBERTÉ

Entre 8 et 18 ans, l'enfant se transforme en adulte. Cette période est appelée la **puberté**, ou **adolescence**. Déclenchées par les hormones*, les modifications du corps (**changements physiques**), celles de l'esprit et des émotions (**changements psychologiques**) préparent l'enfant à devenir un adulte et un parent potentiel.

Certains changements physiques vont permettre la procréation. Ainsi, les organes reproducteurs* présents à la naissance (**caractères sexuels primaires**) s'activent. D'autres changements physiques ne sont pas nécessaires à la reproduction ; ce sont les **caractères sexuels secondaires** – barbe et autres poils corporels.

Les émotions et les sentiments de l'adolescent évoluent, et il devient plus indépendant. Son mode de pensée change tandis qu'il s'accoutume à son nouveau corps. La modification des taux hormonaux peut aussi affecter son humeur.

Modifications physiques à la puberté

Garçons	Filles
Poussée de croissance rapide	Poussée de croissance rapide
Les poils poussent sur le visage, d'abord doux, puis plus raides.	Un fin duvet peut apparaître sur le visage.
La voix devient plus grave.	
Poils sous les bras	Poils sous les bras
Les épaules et la poitrine s'élargissent.	Les seins commencent à se développer.
Le pénis grandit.	Les hanches s'élargissent.
Poils pubiens autour des organes sexuels	Poils pubiens autour des organes sexuels
Les testicules commencent à produire des spermatozoïdes.	L'ovulation et les règles commencent (ci-dessous).

LES RÈGLES (OU MENSTRUATION)

À la naissance, les ovaires des filles contiennent des milliers d'ovules immatures. Au cours de la puberté, ils commencent à mûrir, au rythme de un tous les 28 jours environ. Ce processus est appelé **ovulation**. Pendant ce temps, l'utérus se prépare à recevoir l'ovule fécondé* en développant une muqueuse superficielle riche en vaisseaux sanguins.

Si l'ovule n'est pas fécondé, cette muqueuse se détruit et s'évacue par le vagin : ce sont les **règles**. Les règles reviennent tous les 28 jours en moyenne, mais cela peut varier d'une femme à l'autre. Entre 45 et 55 ans, les ovaires cessent de libérer des ovules et les règles s'arrêtent : c'est ce que l'on appelle la **ménopause**.

Cycle menstruel de la femme

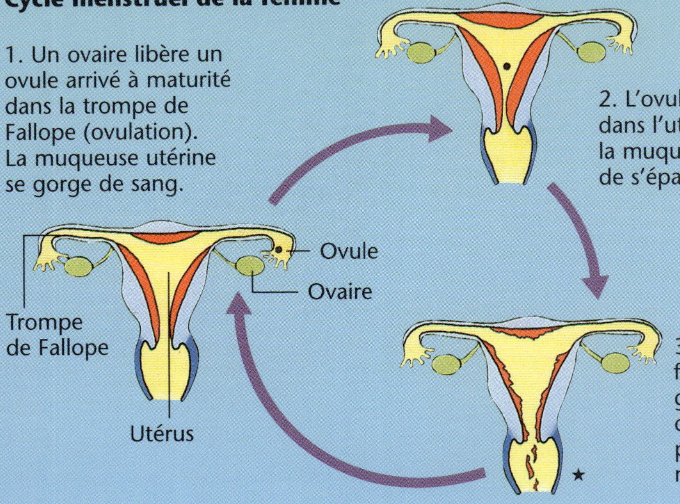

1. Un ovaire libère un ovule arrivé à maturité dans la trompe de Fallope (ovulation). La muqueuse utérine se gorge de sang.

2. L'ovule passe dans l'utérus, dont la muqueuse continue de s'épaissir.

3. Si l'ovule n'est pas fécondé, la muqueuse gorgée de sang se déchire. Elle est évacuée par le vagin avec l'ovule non fécondé.

LE VIEILLISSEMENT

Après l'adolescence, les performances de l'organisme diminuent. Ce **vieillissement**, ou **sénescence**, débute lentement puis s'accélère au cours du temps. Mais on peut espérer allonger son **espérance de vie** (durée de la vie) en mangeant sainement, en pratiquant des activités physiques et intellectuelles et en évitant le tabac et les drogues.

Liens Internet

Pour les liens vers ces sites, connecte-toi à : **www.usborne-quicklinks.com/fr**

Site 1
Une page sur la puberté.

Site 2
Les changements qui se produisent dans le corps lors de la puberté.

Site 3
Une page sur le cycle menstruel de la femme.

Site 4
La croissance du corps humain.

*Fécondation, 41 ; Hormones, 26, 27 ; Organes reproducteurs, 40.

LA GÉNÉTIQUE

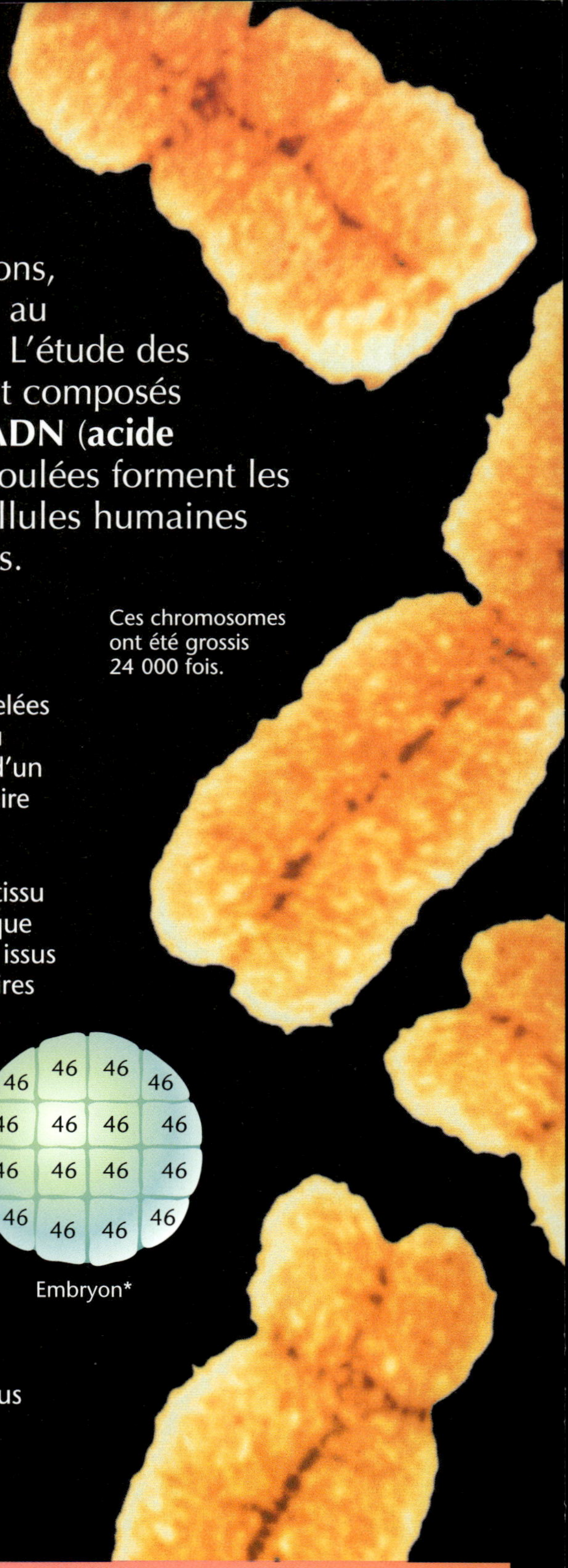

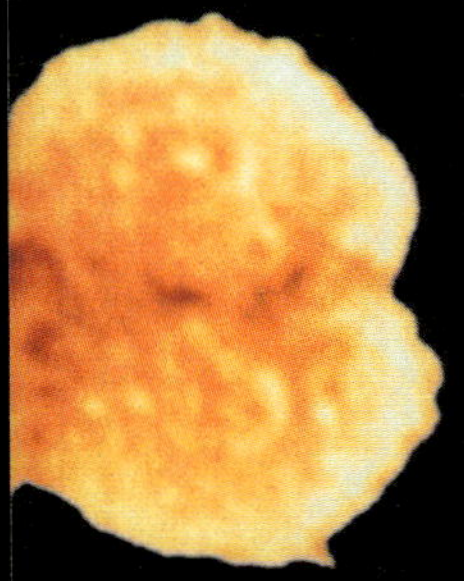

L'œuf fécondé contient toutes les informations, codées sur les **gènes**, qui sont nécessaires au développement d'un être humain unique. L'étude des gènes s'appelle la **génétique**. Les gènes sont composés de segments d'une substance chimique, l'**ADN** (**acide désoxyribonucléique**), dont les chaînes enroulées forment les **chromosomes** des **noyaux cellulaires**. Les cellules humaines contiennent 46 chromosomes, hérités des parents.

Ces chromosomes ont été grossis 24 000 fois.

DES PAIRES

Les 46 chromosomes de l'homme peuvent être classés par paires appelées des **chromosomes homologues**. Ils portent des paires de gènes, ou des paires de groupes de gènes. Chaque gène, ou groupe de gènes, d'un chromosome possède son équivalent sur l'autre chromosome de la paire (voir ci-contre).

Avant une division cellulaire, pour la croissance ou la réparation d'un tissu (par mitose*), tous les chromosomes se dupliquent de façon que chaque nouvelle cellule en possède toujours 46. Cependant, les gamètes sont issus d'un type de division spécial, la **méiose**. Lors de cette division, les paires se séparent pour que chaque gamète n'ait plus que 23 chromosomes. Lors de la fécondation*, de nouvelles paires se constituent.

La transmission génétique

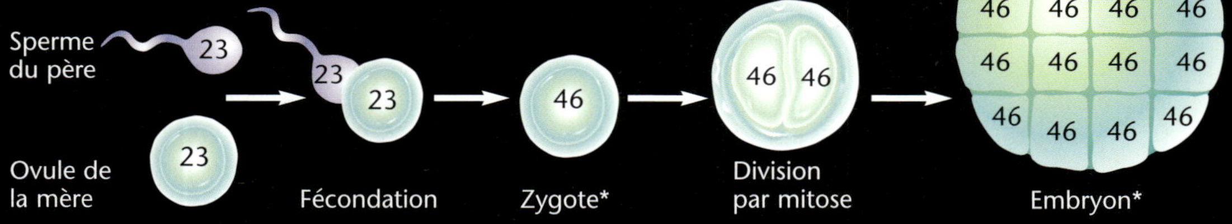

Avant que les chromosomes se séparent pour donner des gamètes, il se produit un certain échange de paires de gènes. Cela signifie que tous les spermatozoïdes d'un homme sont différents et que tous les ovules d'une femme sont uniques. Chaque nouvel enfant d'un même couple sera donc unique et portera ses propres gènes.

FILLE OU GARÇON

Deux chromosomes, les **chromosomes sexuels**, déterminent si l'embryon se développe en garçon ou en fille. On les appelle **chromosomes X** et **Y**. L'ovule et le spermatozoïde possèdent chacun un chromosome sexuel. Tous les ovules ont un chromosome X. La moitié des spermatozoïdes ont un chromosome X et l'autre moitié un Y. Si un spermatozoïde portant un X féconde l'ovule, le bébé sera une fille. S'il porte un Y, le bébé sera un garçon.

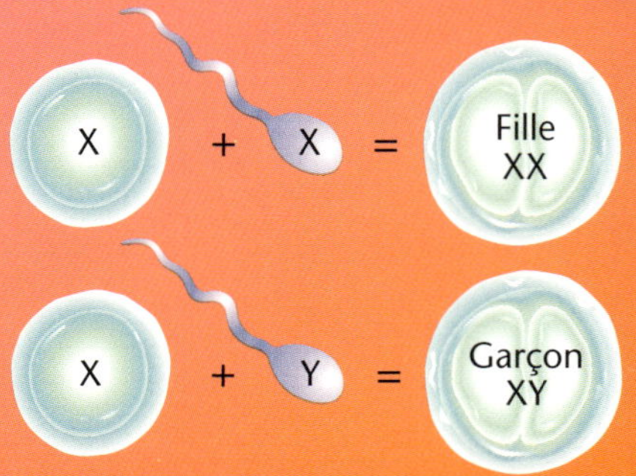

Embryon, fécondation, 41 ; Mitose, 42 ; Zygote, 41.

LE FONCTIONNEMENT DES GÈNES

L'homme possède 23 paires de chromosomes homologues. Chaque gène, ou groupe de gènes, de l'un de ces chromosomes agit en accord avec son partenaire de l'autre chromosome de la paire pour donner des instructions ou contrôler un caractère particulier.

Les gènes déterminant certains caractères, comme la couleur des yeux ou des cheveux, ou le groupe sanguin, se présentent sous différentes formes, les **allèles**. Une paire de gènes peut donc être constituée d'allèles donnant des instructions identiques ou d'allèles donnant des instructions différentes. Par exemple, un gène peut ordonner des yeux verts et l'autre des yeux bleus. Dans ce cas, soit l'un des gènes est **dominant** (il s'exprime) et l'autre **récessif** (il reste muet), soit ils s'expriment tous les deux ; on parle alors de gènes **codominants**. Ainsi, le gène de la couleur verte des yeux est dominant sur celui de la couleur bleue. Une personne ayant un gène de chaque aura les yeux verts. Pour avoir les yeux bleus, il faut deux gènes de la couleur bleue.

Ce schéma montre comment différentes paires de gènes des groupes sanguins donnent différents groupes sanguins, selon le gène dominant.

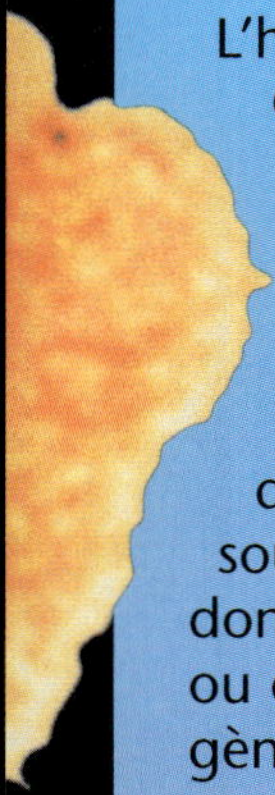

Gène du groupe sanguin A dominant, gène du groupe O récessif : ces deux personnes sont du groupe A.

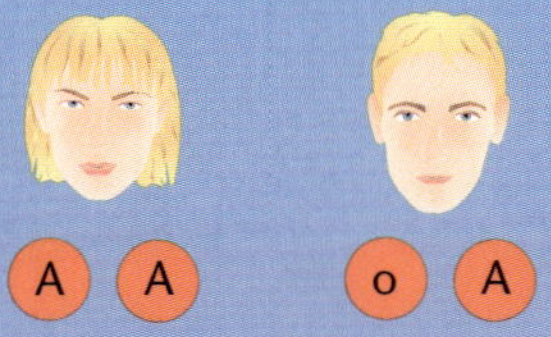

Gène du groupe B dominant, gène du groupe O récessif : ces deux personnes sont du groupe B.

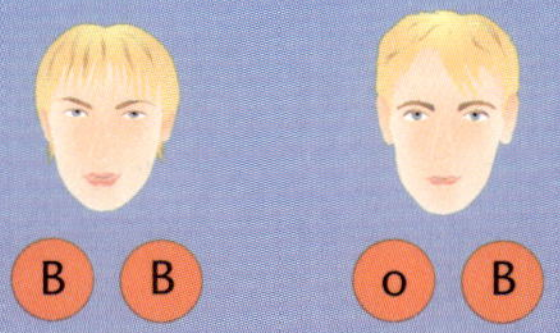

Cette personne a deux gènes récessifs O : elle appartient donc au groupe O.

Ici, A et B sont codominants : cette personne appartient donc au groupe AB.

Si les gènes d'une paire sont identiques, comme chez la personne AA, elle est dite **homozygote** pour ce caractère (dans ce cas, le groupe sanguin) ; s'ils sont différents, elle est dite **hétérozygote**.

Certaines maladies, comme la **fibrose kystique** qui affecte les poumons, sont provoquées par des gènes récessifs. Une personne ayant une paire de ces gènes développera la maladie, tandis qu'une autre avec un tel gène assorti à un gène normal (dominant) ne sera pas atteinte. Elle reste cependant **porteuse** de ce gène et peut le transmettre à sa descendance.

LES GÈNES LIÉS AU SEXE

Certaines anomalies, comme le daltonisme, s'expriment davantage chez l'homme que chez la femme. En effet, ces gènes récessifs se trouvent sur les chromosomes X qui n'ont pas de partenaires sur le chromosome Y pour les domine Les gènes dépareillés (impairs) des chromosomes X sont appelés **gènes liés au sexe**.

En génétique, les gènes sont représentés par des lettres : une majuscule indique que le gène est dominant, une minuscule qu'il est récessif. Voici comment une femme porteuse du gène récessif du daltonisme (c), qui a des enfants avec un homme porteur d'un gène normal de la vision (C) peut transmettre l'anomalie.

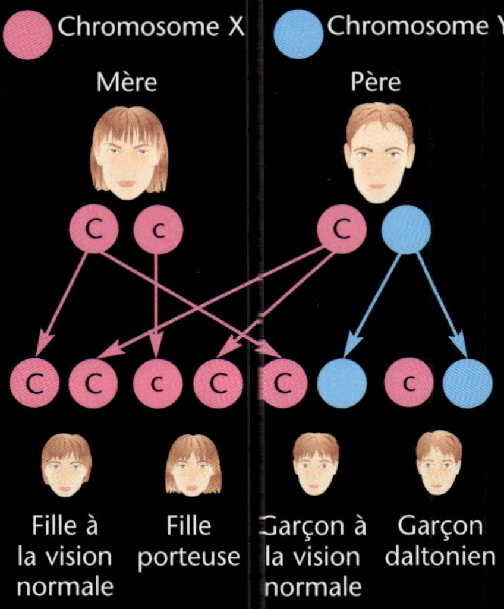

Liens Internet

Pour les liens vers ces sites, connecte-toi à : **www.usborne-quicklinks.com/fr**

Site 1
Hérédité et génétique, un dossier simple, complet et bien expliqué.

Site 2
Une page sur l'ADN, avec des animations.

Site 3
La génétique : de Mendel au clonage.

Site 4
Gènes et génomes : une exposition pour en savoir plus, avec des activités.

LA TECHNOLOGIE GÉNIQUE

En 1953, James Watson et Francis Crick découvrent la structure de l'ADN*. La recherche génétique fait alors un grand bond en avant. Cette connaissance a depuis aidé les scientifiques à progresser dans l'étude des gènes et de leur influence sur les êtres vivants. La génétique peut être utilisée à des fins diverses.

L'Américain Watson et l'Anglais Crick devant leur maquette d'ADN

LA STRUCTURE DE L'ADN

En forme de **double hélice**, la molécule d'ADN peut être comparée à une échelle de corde enroulée en spirale. Les échelons sont constitués de quatre **bases** (molécules chimiques) liées par paires : adénine, thymine, guanine et cytosine. En général, on les repère par la première lettre de leur nom : A, T, G et C.

Les montants de l'échelle sont faits des brins d'un sucre appelé **désoxyribose**, alternés avec des molécules du **groupe des phosphates**. Un sucre, un phosphate et une base forment une unité élémentaire appelée **nucléotide**. Un gène est une séquence de 250 paires de nucléotides environ. Chaque molécule d'ADN compte environ un millier de gènes.

Partie d'une molécule d'ADN. Sa forme en spirale est appelée double hélice.

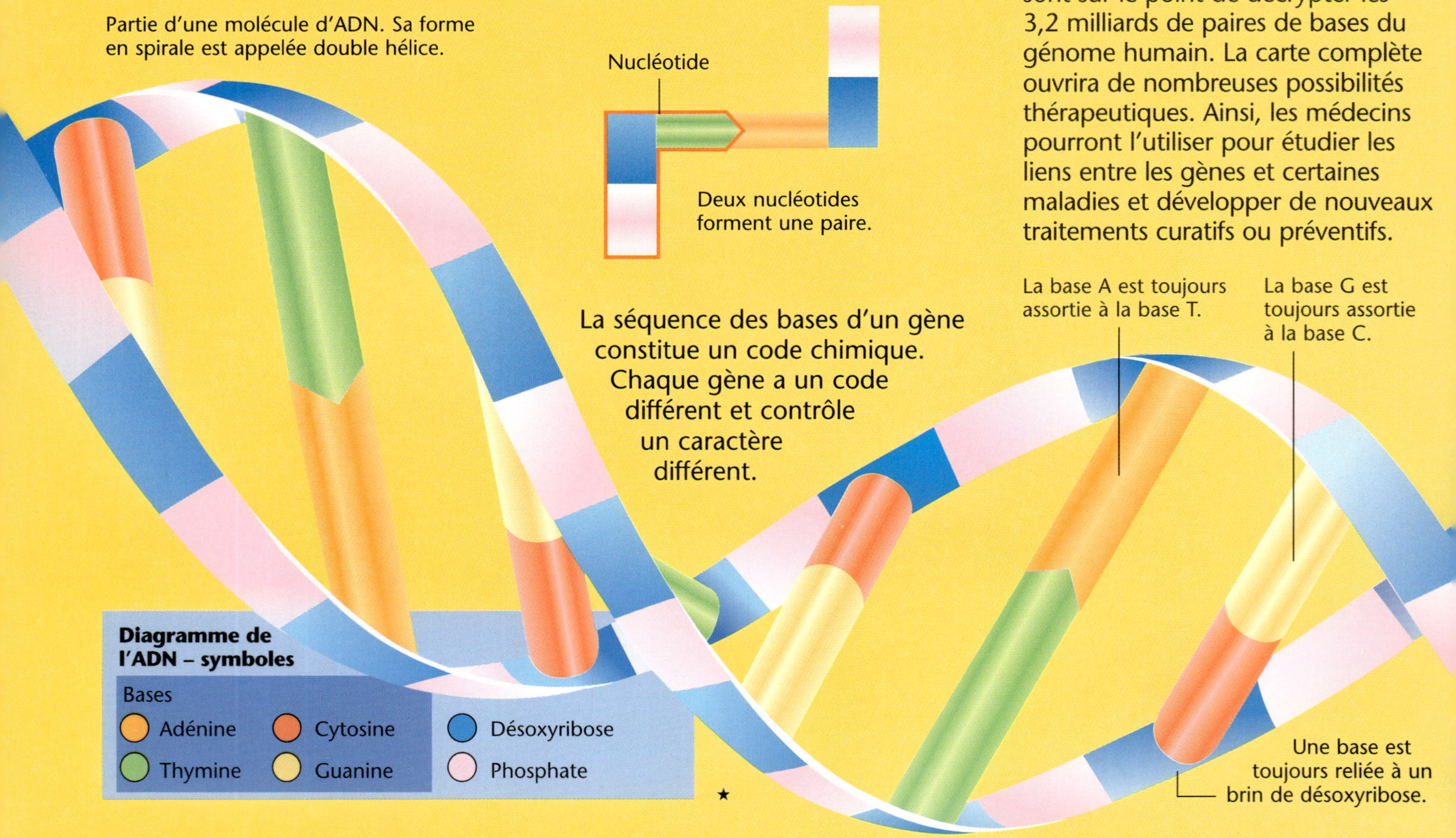

La séquence des bases d'un gène constitue un code chimique. Chaque gène a un code différent et contrôle un caractère différent.

RECHERCHE DU GÉNOME

Le **génome** est l'ensemble des gènes propres à une espèce. La séquence de base d'un génome est appelée une **carte**. La carte du génome de la levure (organisme unicellulaire) a été la première à être décryptée.

Juin 2000 marque un tournant dans la recherche génétique. En effet, des scientifiques annoncent qu'ils sont sur le point de décrypter les 3,2 milliards de paires de bases du génome humain. La carte complète ouvrira de nombreuses possibilités thérapeutiques. Ainsi, les médecins pourront l'utiliser pour étudier les liens entre les gènes et certaines maladies et développer de nouveaux traitements curatifs ou préventifs.

*ADN, 44.

LES EMPREINTES GÉNÉTIQUES

Hormis les personnes qui ont un vrai jumeau, tous les êtres humains ont un ADN dont l'ordre des bases est légèrement différent. On peut donc comparer deux analyses génétiques et affirmer que deux profils identiques proviennent quasi certainement de la même personne ou de vrais jumeaux.

L'analyse de l'ADN a différentes applications, comme dans la police scientifique par exemple. L'ADN peut être extrait d'un cheveu ou d'une goutte de sang retrouvés sur la scène d'un crime et permettre ensuite d'identifier le coupable.

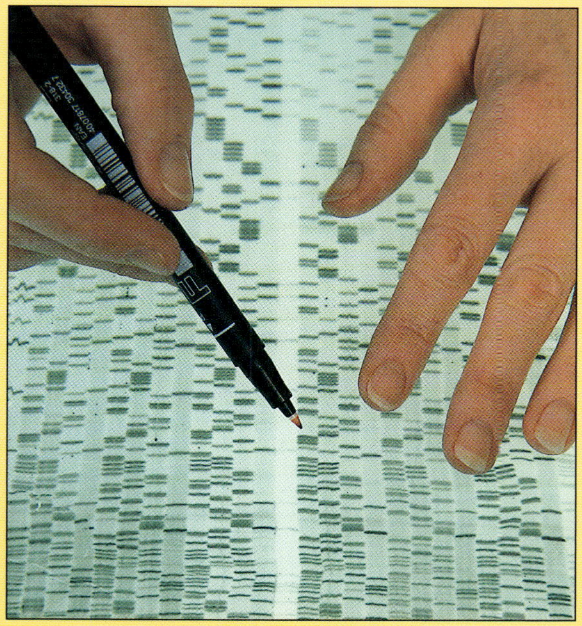

Séquences d'ADN examinées par un scientifique. Le motif des bandes est fonction de l'ordre des bases. Si les motifs de deux échantillons sont exactement semblables, ceux-ci appartiennent à la même personne ou à de vrais jumeaux.

Les profils génétiques de personnes apparentées ont plus de points communs que ceux des autres. Les scientifiques peuvent donc comparer des échantillons pour mettre en évidence des liens de parenté.

Après la révolution russe de 1917, le tsar Nicolas II, sa femme et leurs trois enfants furent assassinés et enterrés dans des tombes anonymes. En 1991, on retrouva des corps qui pouvaient être les leurs. Le tsar fut identifié par comparaison de son ADN avec celui de son frère. Un échantillon fut aussi prélevé sur le prince Philip, le duc d'Édimbourg, un parent de la tsarine, pour prouver l'identité de celle-ci.

LE GÉNIE GÉNÉTIQUE

Les scientifiques ont découvert le moyen d'extraire des gènes et de les utiliser à d'autres fins, par exemple en médecine, agriculture et industrie. Ces manipulations génétiques portent le nom de **génie génétique**. Ces techniques peuvent servir à créer des clones, ou des organismes génétiquement modifiés utilisés à améliorer le rendement de certaines cultures.

La principale technique du génie génétique est l'**épissage**. Des substances chimiques que l'on appelle **enzymes de restriction** sont utilisées pour isoler des gènes spécifiques d'un ADN. D'autres enzymes, appelés **ligases**, servent à intégrer le gène dans l'ADN d'un organisme approprié.

L'ADN modifié, appelé **ADN recombiné** (**ADNr**), peut être utilisé de différentes façons. Par exemple, il peut être placé dans des bactéries* qui seront mises en culture intensive. Leur reproduction rapide permettra de créer de nombreuses bactéries contenant l'ADNr doté d'un gène spécifique.

Méthode d'épissage

1. Le gène visé, ou **ADN cible**, est extrait du noyau de la cellule.

2. L'ADN cible est agglutiné à un **plasmide**, un morceau d'ADN provenant d'une bactérie.

3. L'ADN recombiné est ensuite placé dans une **bactérie hôte** qui se divise rapidement.

4. La bactérie hôte se divise, créant de nombreuses copies identiques, chacune contenant l'ADN cible (le gène désiré).

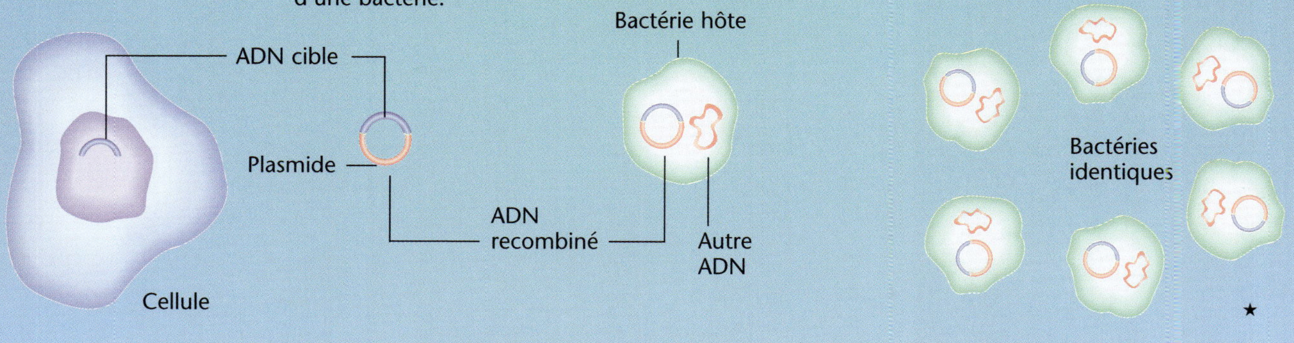

*Bactéries, 48.

LES MALADIES

Tout ce qui provoque un dysfonctionnement de l'organisme ou d'une partie de l'organisme peut être appelé **maladie**. Certaines sont dues à des micro-organismes nocifs (pathogènes), les germes ou microbes. D'autres résultent d'une mauvaise alimentation, d'un manque d'exercice, d'anomalies génétiques*, de l'âge ou de substances toxiques.

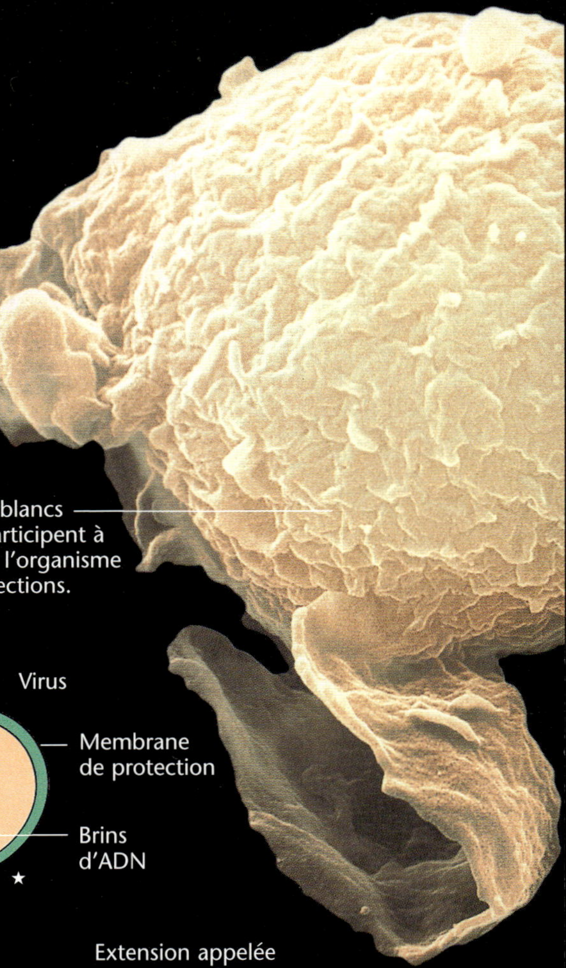

Des globules blancs de ce type participent à la défense de l'organisme contre les infections.

Extension appelée **pseudopode** (« fausse patte ») qui sert à piéger les germes.

LES GERMES

Les germes sont des **microbes pathogènes**, qui provoquent des maladies. Ils sont de deux types, les bactéries et les virus.

Les **bactéries** sont des organismes microscopiques présents partout dans l'environnement. Certaines produisent des substances chimiques, les **toxines**, qui provoquent des maladies (différentes selon la bactérie).

Les **virus** se présentent sous la forme de brins d'ADN* entourés d'une enveloppe protectrice. Ils ne peuvent se reproduire qu'à l'intérieur des cellules qu'ils envahissent et finissent par détruire. La grippe et le sida sont des maladies virales.

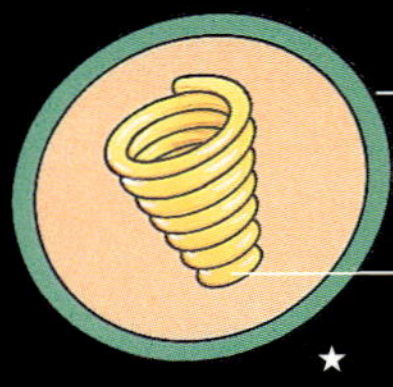

Principaux types de bactéries

Les bactéries dont les noms se terminent en **-coque** (ex : pneumocoque) sont sphériques. Elles provoquent la plupart des infections de la gorge.

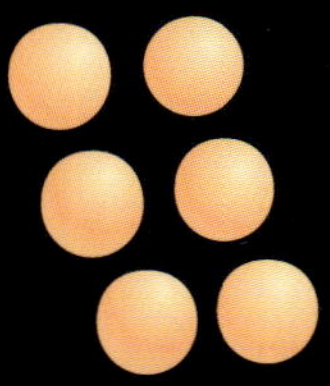

Les **bacilles** ressemblent à des bâtonnets. Ils sont la cause de la tuberculose et de la typhoïde.

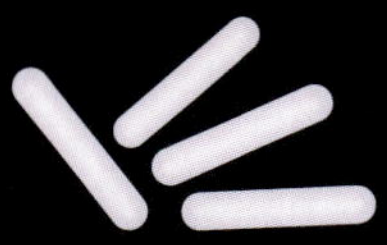

Les **vibrions**, de forme recourbée, engendrent des maladies comme le choléra.

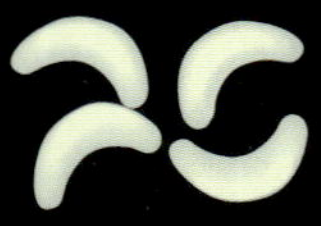

Les **spirilles**, en forme de spirale, sont responsables de maladies telles que le sodoku (maladie transmise par une morsure de rat).

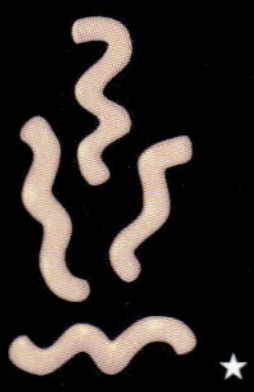

LES DÉFENSES DE L'ORGANISME

Les germes sont **contagieux** (infectieux), c'est-à-dire qu'ils se transmettent d'un être vivant à l'autre de diverses façons : par l'air, l'eau, le contact, ou par certains animaux.

Des germes adhèrent aux pattes et aux poils d'une mouche quand elle se nourrit sur des excréments ou matières organiques putréfiées. Elle peut ensuite les déposer sur les aliments.

L'organisme dispose de plusieurs armes pour lutter contre les germes. D'abord, la peau leur fait obstacle. S'ils y pénètrent néanmoins, il réagit. Les principales défenses de l'organisme figurent sur la liste ci-contre.

Les défenses de l'organisme

Peau	Constitue une barrière imperméable aux germes.
Nez	Les poils et le mucus piègent les germes et les impuretés de l'air.
Oreilles	Le cérumen piège les germes.
Paupières	Balaient les germes de la surface des yeux.
Larmes	Nettoient les yeux.
Estomac	L'acide chlorhydrique détruit les germes des aliments.
Amygdales et végétations	Tuent les germes dans la gorge.
Globules blancs	Détruisent les germes dans l'organisme.
Rate	Contient des globules blancs qui combattent les infections.

*ADN, gènes, 44-47.

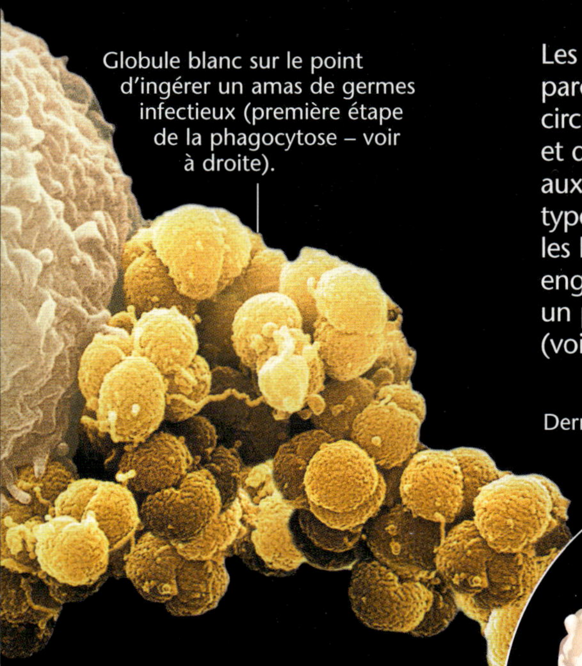

Globule blanc sur le point d'ingérer un amas de germes infectieux (première étape de la phagocytose – voir à droite).

LES GLOBULES BLANCS

Les globules blancs traversent la paroi des capillaires* sanguins et circulent dans le fluide tissulaire et dans la lymphe pour s'attaquer aux maladies. Il en existe deux types principaux : les monocytes et les lymphocytes. Les **monocytes** englobent et digèrent les germes par un processus appelé **phagocytose** (voir ci-dessous et à gauche).

Dernière étape de la phagocytose

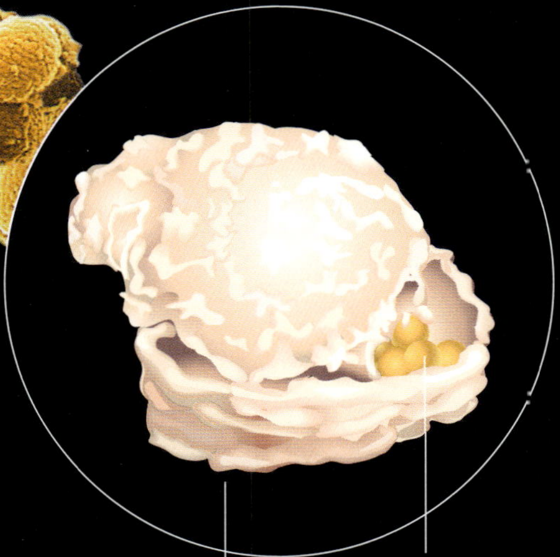

Les **macrophages** sont des monocytes. Certains se déplacent sans cesse, d'autres s'installent dans un organe particulier, comme un organe lymphoïde, et combattent tous les germes qui s'y rassemblent.

Les **lymphocytes**, surtout fabriqués dans les organes lymphoïdes, détruisent les germes grâce à des substances chimiques, les **anticorps**. Chaque anticorps est spécialement conçu pour s'attaquer à un **antigène**, une substance transportée par le germe envahisseur.

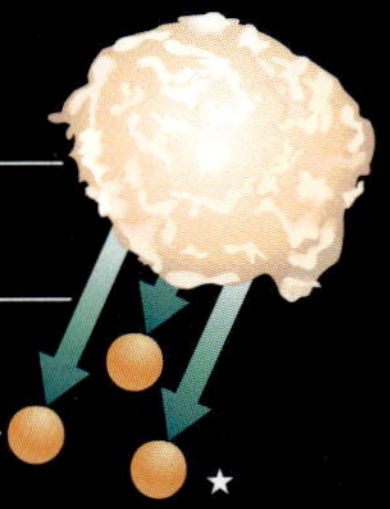

LE SYSTÈME LYMPHATIQUE

Le **système lymphatique**, constitué d'un réseau de vaisseaux et d'organes, et les globules blancs jouent un rôle important dans la lutte contre les maladies. Les vaisseaux contiennent la **lymphe**, un liquide composé de globules blancs et de fluides* collectés dans les tissus.

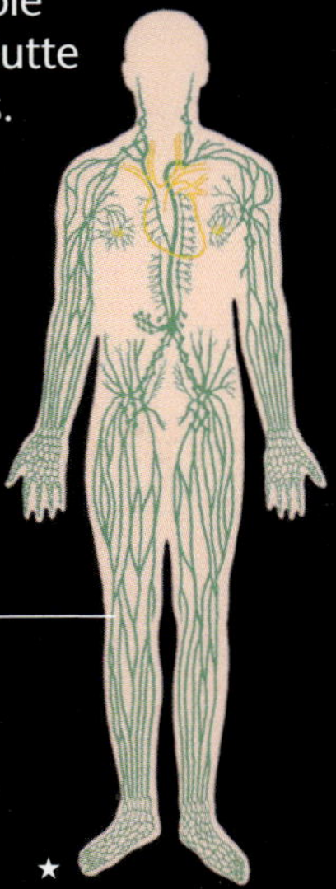

Les **vaisseaux lymphatiques** transportent la lymphe à travers le corps.

La lymphe est réinjectée dans le sang par deux canaux (veines) proches du cou. Les globules blancs sont ainsi recyclés (voir à droite). Des **ganglions** et des **organes lymphoïdes** jalonnent le système (au niveau du cou, des aisselles, des aines). Ils piègent les germes et les détruisent, et fabriquent un grand nombre de globules blancs.

L'IMMUNITÉ

Une fois que l'organisme a fabriqué un anticorps contre un antigène particulier, il peut le reproduire si le germe l'envahit à nouveau. Il acquiert ainsi une **résistance**, ou **immunité active**, contre la maladie.

L'immunisation contre des maladies, comme la rougeole, s'acquiert aussi par le **vaccin** : une dose de germes trop affaiblis pour engendrer une maladie, mais qui possèdent suffisamment d'antigènes pour déclencher la fabrication d'anticorps. La **vaccination** protège des futures attaques du germe.

Les méthodes de vaccination

Le vaccin contre la poliomyélite est parfois donné sur un morceau de sucre.

La plupart des vaccinations sont faites par injection. Cela évite la destruction des vaccins par les sucs digestifs*.

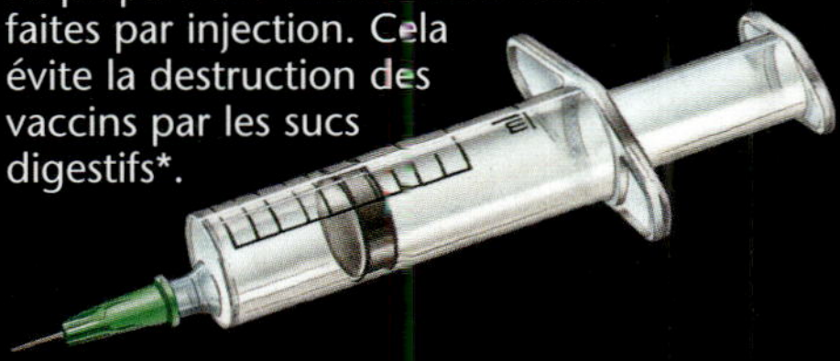

Après l'apparition d'une maladie, l'injection d'anticorps (sérum) engendre une **immunité passive**. Les germes pathogènes sont tués mais l'immunité dure peu.

Liens Internet

Pour les liens vers ces sites, connecte-toi à : **www.usborne-quicklinks.com/fr**

Site 1
Pour en savoir plus sur le système immunitaire et les globules blancs.

Site 2
Un site sur une maladie : la poliomyélite.

Site 3
Les maladies et leurs vaccins.

Site 4
Que sais-tu sur l'immunologie ? Un jeu de questions-réponses.

Capillaires, 15 ; Fluide tissulaire, 15 ; Sucs digestifs, 18.

LA MÉDECINE

Les défenses immunitaires suffisent souvent pour guérir sans consulter le docteur. Mais si ce n'est pas le cas, il existe une branche de la science, appelée **médecine**, spécialisée dans le traitement des maladies et de la santé en général. L'espérance de vie de nombreuses personnes a ainsi été allongée par les progrès spectaculaires de la médecine.

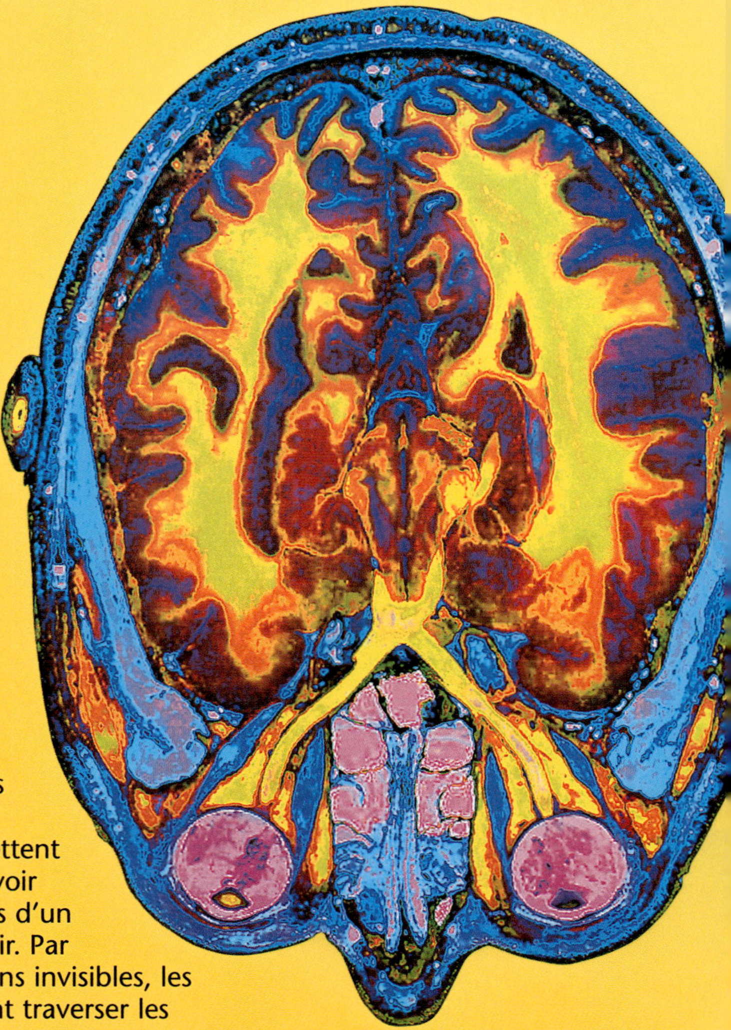

Cette IRM montre une section d'un crâne. On peut voir le cerveau et les yeux (les deux boules roses).

LE DIAGNOSTIC

Lorsqu'on est malade et qu'on se rend chez le docteur, il nous pose des questions et nous examine pour déterminer ce qui ne va pas, puis fait un **diagnostic**. S'il a besoin de plus d'informations, il demande des analyses. Certaines sont simples et d'autres impliquent des équipements coûteux.

L'analyse chimique d'échantillons de fluides corporels, comme du sang ou de l'urine, révèle parfois des indices importants. Par exemple, du glucose dans l'urine peut être un signe de diabète. Ce test se pratique en trempant un bâtonnet enduit d'une substance chimique dans l'urine. Sa coloration indique le taux de glucose.

Test de glycémie de l'urine

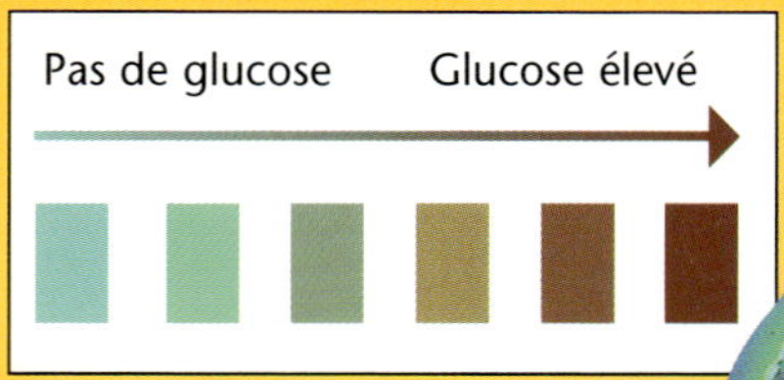

Diverses méthodes d'**imageries médicales** permettent aux médecins de voir l'intérieur du corps d'un patient sans l'ouvrir. Par exemple, des rayons invisibles, les **rayons X**, peuvent traverser les tissus mous mais pas ceux qui sont plus denses, comme les os. Les rayons X sont donc très utiles pour savoir si un os est fracturé.

Pour examiner les régions molles, comme le tube digestif, on y injecte un liquide **opaque aux rayons X**. De cette façon, toute obstruction, ou modification de la forme habituelle, devient clairement visible.

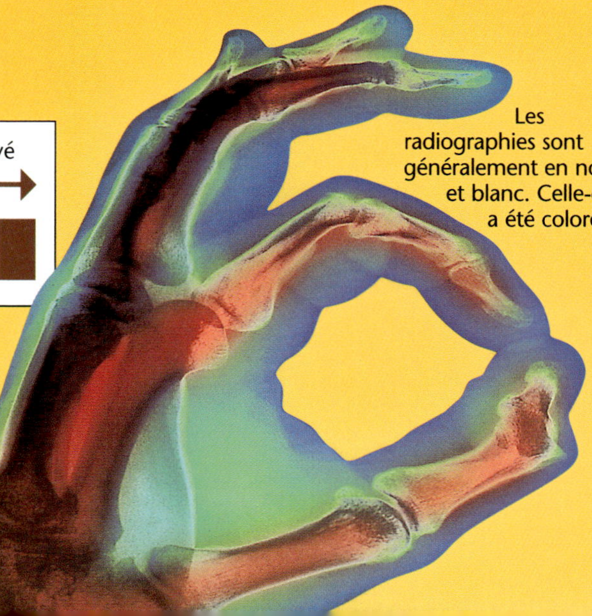

Les radiographies sont généralement en noir et blanc. Celle-ci a été colorée.

Cette main a été soumise à des rayons X pour former une image sur une plaque photographique.

La **tomographie**, dérivée du scanner, utilise l'ordinateur pour prendre des images détaillées des tissus durs et tendres. Le corps est scanné par section. Le médecin regarde les images à la recherche d'ombres inhabituelles ou d'altérations des formes qui peuvent indiquer un problème, comme une grosseur anormale, ou **tumeur**.

L'**IRM** (**imagerie par résonance magnétique**) permet également de scanner des sections du corps au moyen d'ondes radio soumises à un champ magnétique. Un ordinateur recrée les images en 3D. L'IRM est particulièrement utilisée pour rechercher les maladies du système nerveux et du cerveau.

*Système digestif, 18.

LES TRAITEMENTS

Les traitements des maladies sont variés : exercices, changement de régime, médicaments ou autres méthodes plus complexes. Parfois, le médecin doit pratiquer une **opération chirurgicale** : ouvrir le corps pour en extraire la partie malade, ou la soigner.

LES MÉDICAMENTS

Nombre de maladies sont traitées ou évitées grâce à des substances chimiques, les **médicaments**, ou **remèdes**. La plupart sont fabriqués en laboratoire et beaucoup sont basés sur des substances extraites de végétaux dotés de pouvoirs thérapeutiques.

Les feuilles de la digitale pourpre contiennent une substance, la **digitaline**. Désormais synthétisée artificiellement, elle est utilisée pour traiter les maladies cardiaques.

On traite les maladies bactériennes avec les **antibiotiques**. Ils bloquent la reproduction des bactéries* ou les détruisent. Ils n'ont aucun effet sur les maladies virales*, comme grippe ou rhume.

Tous les médicaments sont actifs et peuvent être dangereux. Il ne faut jamais les prendre sans l'avis d'un docteur ou d'un pharmacien. Mal utilisés, ils peuvent rendre très malade, voire causer la mort.

Cette « forêt » verte est une moisissure appelée Pénicillium. En 1928, Alexandre Fleming, un scientifique écossais, découvrit qu'elle avait un pouvoir bactéricide. Il l'utilisa pour développer la **pénicilline**, le premier antibiotique.

LA CHIRURGIE

Toutes les opérations relèvent du domaine que l'on appelle la **chirurgie**. Elles sont pratiquées dans les hôpitaux par différents spécialistes, les **chirurgiens**. La chirurgie regroupe plusieurs domaines, chacun doté de ses propres techniques.

La **chirurgie au laser** emploie d'intenses rayons lumineux, les **rayons laser**. C'est une chirurgie de haute précision, qui permet de pratiquer des opérations délicates, comme sur les yeux. Par exemple, si la rétine* d'un patient est décollée, le laser peut la ressouder par un léger point de chaleur. À l'origine, le laser avait été développé pour l'industrie.

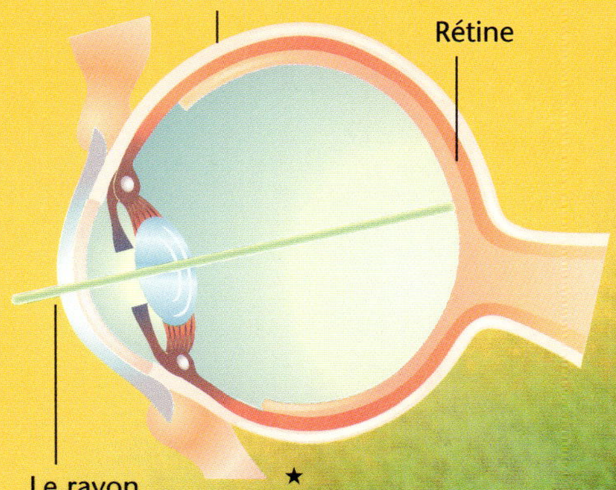

Le laser est souvent associé à un tube, ou **endoscope**, que l'on introduit dans le corps du patient. L'endoscope sert à visualiser et à détruire des grosseurs internes.

La plupart des endoscopes contiennent des **fibres optiques** (faisceaux de fibres de verre) qui transmettent la lumière et les rayons laser. Il existe également d'autres types d'endoscopes pour exécuter d'autres tâches, comme de prélever des tissus pour les analyser.

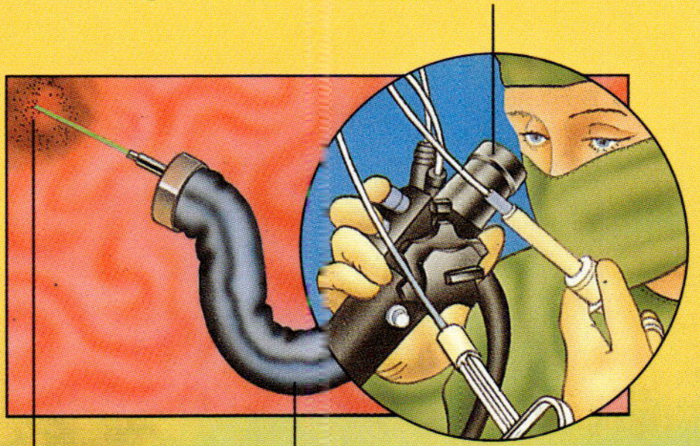

Liens Internet

Pour les liens vers ces sites, connecte-toi à : **www.usborne-quicklinks.com/fr**

Site 1
Surfe sur ce site consacré à la médecine : les progrès, les dates et personnages clés du XXe siècle, les différents examens cliniques, et d'autres choses encore.

Site 2
Scanner, IRM, ultrasons, etc.

Site 3
Découvre la signification de différents termes chirurgicaux

Site 4
Documente-toi sur l'imagerie par résonance magnétique.

Site 5
Une fiche sur la tomographie.

*Bactéries, 48 ; Rétine, 34 ; Virus, 48.

AUTRES TRAITEMENTS

Il existe d'autres traitements, dits **alternatifs**, auxquels les médecins n'avaient jusque-là que peu recours. Certains sont désormais prescrits en complément des traitements conventionnels ; c'est la **médecine complémentaire**. De nombreuses personnes les utilisent aussi dans le cadre d'un mode de vie sain. Certains des plus connus sont décrits ci-dessous.

L'HOMÉOPATHIE

L'**homéopathie** fut mise au point il y a environ 200 ans par un médecin allemand, Samuel Hahnemann. Elle est basée sur l'idée qu'une substance qui provoque certains symptômes chez une personne en bonne santé peut être utilisée pour guérir les mêmes symptômes chez une personne malade, dont elle aiderait à stimuler les défenses immunitaires (voir pages 48-49).

Les **remèdes homéopathiques** sont très faiblement dosés. Certains sont à base d'ingrédients naturels, comme des plantes ; d'autres contiennent des médicaments à doses infinitésimales.

Ces pilules homéopathiques roses (un excipient sucré) ont été trempées dans des solutions très diluées d'un remède.

L'ACUPONCTURE

L'**acuponcture** est une ancienne thérapie chinoise basée sur l'idée que dans toute chose circule de l'énergie, le **qi**. Le qi (prononcé tchi) circule le long d'un réseau de canaux d'énergie, les **méridiens**. Il existe le long de ces canaux des centaines de points invisibles, les **points d'acuponcture**.

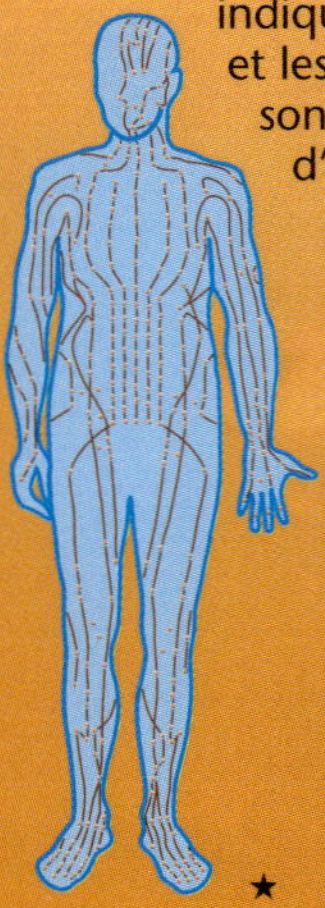

Les méridiens sont indiqués en rouge et les petits points sont les points d'acuponcture.

L'**acuponcteur** agit sur ces points en y piquant des aiguilles très fines. Celles-ci sont indolores, car il a appris exactement où et comment les planter. Il peut aussi exercer une pression sur ces points avec ses doigts ou par la chaleur d'herbes en combustion.

L'acuponcture peut être pratiquée à des fins diverses, comme le soulagement d'une douleur ou la réduction du stress. Le traitement ne concerne pas forcément la zone douloureuse. Par exemple, le méridien qui affecte les poumons commence sur la poitrine et se termine au bout du pouce. En fonction du diagnostic, n'importe quel point de ce méridien peut être utilisé.

LES MANIPULATIONS

L'**ostéopathie** et la **chiropractie** traitent de la manipulation des articulations, en particulier de la colonne vertébrale, pour traiter des problèmes physiques. Ces méthodes sont souvent utilisées pour des problèmes de dos, mais elles peuvent aussi en soulager d'autres, comme les maux de tête ou les éruptions.

Pose basée sur une posture de yoga. La pratique du yoga peut assouplir le corps.

LE YOGA

Les gens pratiquent le **yoga** pour se relaxer. Cette discipline ancienne combine des mouvements et des positions, les **postures**, avec une technique de respiration et de concentration appelée **méditation**. Elle améliore l'état de santé physique et mental et aide à soulager certains maux.

LA MÉDECINE PRÉVENTIVE

Prévenir les maladies est aussi important que de les traiter. Médecins et scientifiques passent beaucoup de temps à chercher des moyens de contrôler ou d'éradiquer les maladies ; c'est la **médecine préventive**.

La **vaccination** (voir page 49) est un moyen important de prévention des maladies. Les enfants reçoivent une série de vaccins contre des maladies comme la polio ou la rougeole. Un voyage à l'étranger peut nécessiter une vaccination contre une maladie inconnue dans notre pays.

En outre, dans les écoles, les enfants sont soumis à des visites médicales régulières pour détecter tout signe de problème. Les adultes peuvent également subir un **bilan de santé** dans les hôpitaux. Un problème détecté tôt est plus facile à traiter.

LES CONSEILS DE SANTÉ

Les médecins aident aussi les patients à entretenir leur santé en leur conseillant de l'exercice et un régime adapté. Ils les informent également sur les effets nocifs du tabac, de l'abus d'alcool ou des drogues.

LES DROGUES

Une **drogue** est une substance qui affecte le fonctionnement de l'organisme. Selon la drogue, l'effet est différent. L'alcool, la nicotine des cigarettes mais aussi les médicaments sont des drogues. On peut se les procurer légalement ou sur prescription médicale. Il existe aussi d'autres drogues qui sont illégales, comme l'héroïne.

L'abus de drogue peut provoquer de graves dommages et même la mort. De nombreuses drogues induisent une **accoutumance** ; la personne ressent le besoin d'en prendre. Certaines engendrent une véritable **dépendance**, c'est-à-dire qu'on ne peut plus s'en passer. Voici une liste de drogues et leurs effets.

Substance	Description	Effets sur l'organisme
Alcool	Liquide clair que l'on trouve dans la bière, le cidre, les vins, les apéritifs et diverses autres boissons.	Relaxation, assurance ou dépression. Mauvaise coordination et jugement altéré. Boire et conduire est donc très dangereux. L'alcoolisme provoque, entre autres, de graves lésions du foie.
Cannabis (feuilles) Haschisch (résine)	Feuilles séchées ou barrette de résine solide brune. Le plus souvent mélangé à du tabac et fumé.	Bien-être, ou vertiges et nausées avec la bouche sèche, les yeux injectés de sang et le cœur qui bat. Combiné avec les effets de la nicotine (voir ci-dessous).
Cocaïne Crack	Fine poudre blanche, généralement sniffée (prisée). Dérivé de la cocaïne. Petits cailloux. Se fume.	État de vigilance, d'excitation ou d'agressivité. Endommage les fosses nasales et les poumons. Induit une forte dépendance.
Ecstasy	Comprimés ou gélules à avaler.	Impression d'énergie et d'assurance, ou malaise et anxiété. Endommage le foie et les reins. Peut provoquer une mort subite.
Héroïne	Poudre gris brun, souvent vendue mélangée à du talc ou de la lessive. Se fume, se sniffe (prise) ou s'injecte.	Bien-être puis dépression. Induit une forte dépendance. Besoin de doses toujours plus fortes, terribles symptômes de manque. La mort par overdose est commune.
Substances inhalées	Essence à briquet, colle, peinture, vernis... S'inhale généralement.	Les vapeurs provoquent bien-être et vertige. Abîme les muqueuses nasales et poumons. Induit une dépendance, peut faire suffoquer.
LSD	Comprimés blancs, gélules ou sur morceaux de papier. Habituellement avalé.	Hallucinogène. Provoque un voyage mental parfois terrifiant appelé **trip**, des problèmes mentaux et des dommages au cerveau.
Nicotine	Dans le tabac, les cigarettes par exemple.	Plaisir ou nausées. L'habitude devient vite une dépendance. Endommage poumons et cils* du nez. Engendre des maladies cardio-vasculaires et parfois le cancer des poumons.

Liens Internet

Pour les liens vers ces sites, connecte-toi à : **www.usborne-quicklinks.com/fr**

Site 1
Un dossier très complet sur l'homéopathie.

Site 2
Toutes les questions que tu peux te poser sur l'acuponcture.

Site 3
Un site bien documenté sur les drogues et leurs effets sur les jeunes.

Site 4
Quelques positions de yoga destinées aux enfants.

Site 5
Différents aspects de yoga et de méditation.

Site 6
Et pour finir, amuse-toi un peu avec ce quiz général sur le corps humain.

*Cils, 22.

DONNÉES COMPLÉMENTAIRES

MALADIES ET INFECTIONS

Sur cette page figurent des informations sur des maladies et des infections, avec leurs symptômes et leur mode de contamination et, en italique, les noms des bactéries ou micro-organismes qui en sont responsables. « Voie aérienne » indique une maladie qui se propage par l'air, par la toux ou l'éternuement par exemple.

MALADIE	AGENT INFECTIEUX	MODE DE CONTAMINATION	SYMPTÔMES
Angine	Souvent les virus des rhumes	Voie aérienne	Amygdales irritées, mal de gorge
Appendicite	Infection de l'appendice	Ne se transmet pas	Douleurs abdominales, nausées
Conjonctivite	Virus, bactérie ou allergie	Variable	Écoulement liquide ou purulent des yeux
Coqueluche	*Bordetella pertussis*	Voie aérienne	Toux sévère, difficultés respiratoires
Diphtérie	*Corynebacterium diptheriae* (bacille de Klebs-Loëffler)	Voie aérienne	Enflure de la gorge. Les bactéries libèrent une toxine qui peut endommager gravement le cœur.
Gastro-entérite	Bactérie, virus et intoxication alimentaire	Voie aérienne ou alimentaire	Variables : nausées à forte fièvre, vomissements et diarrhées
Grippe	Myxovirus influenzae A, B ou C	Voie aérienne	Fièvre, transpiration, courbatures
Laryngite	Adeno et rhinovirus	Voie aérienne	Mal de gorge, toux, enrouement
Légionellose	Bactérie *Legionella pneumophila*	Eau contaminée ou stagnante en citernes, tours de refroidissement ou déshumidificateurs	Ceux de la pneumonie ou de la grippe ; fièvre, diarrhées, confusion mentale
Maladie du sommeil (Trypanosomiase)	*Trypanosoma brucei gambiense* ou *rhodesiense*	Piqûre d'une mouche tsé-tsé infectée	Fièvre, ganglions lymphoïdes enflés, mal de tête, coma
Méningite	Diverses bactéries, virus ou champignon (rare)	Voie aérienne	Mal de tête sévère, raideur, nausée, sensibilité à la lumière, éruption
Mononucléose infectieuse	Virus d'Epstein-Barr	Salive des personnes infectées	Mal de gorge, fièvre, fatigue, dépression
Oreillons	*Rubulavirus*	Voie aérienne	Fatigue, fièvre, mal à la mâchoire
Paludisme (Malaria)	*Plasmodium falciparum, P. vivax, P. ovale, P. malariae*	Piqûre d'un moustique du genre anophèle	Accès de fièvre, sueurs froides, frissons
Pneumonie	Bactérie *Streptococcus pneumonia*	Voie aérienne	Toux, fièvre, douleur à la poitrine
Poliomyélite (polio)	Trois types de virus de la polio	Principalement voie aérienne	Mal de tête, fièvre, raideurs et paralysie progressive
Rage	*Lyssavirus*	Salive d'animaux infectés	Maux de tête, anxiété, douleurs, spasmes, coma
Rhume	Rhinovirus des voies respiratoires supérieures	Voie aérienne	Éternuements, nez bouché, mal de gorge, écoulement des yeux
Rubéole	*Rubivirus*	Voie aérienne	Mal de gorge puis lésions cutanées, ganglions lymphoïdes enflés
Sida (syndrome d'immunodéficience acquise)	Virus d'immunodéficience humaine (VIH)	Par le sang et d'autres sécrétions corporelles, la voie sexuelle étant la plus répandue	Fièvre, fatigue, perte de poids, diarrhées, infections virales
Tétanos	*Clostridium tetani*	Bactérie présente dans le sol qui infecte une plaie ouverte.	Contractures musculaires causant un trismus, difficultés respiratoires
Tuberculose	*Mycobacterium tuberculosis*	Inhalation de bactéries, contact avec du lait infecté	Toux accompagnée de sang, perte de poids, douleur à la poitrine
Typhoïde	*Salmonella typhi*	Piqûres de puces infectées, d'acariens, de poux ou de tics	Fièvre, maux de tête, éruption, douleurs musculaires
Varicelle	Virus *Varicella zoster*	Voie aérienne	Éruption cutanée de vésicules, fatigue, maux de tête et de gorge
Zona	Virus *Herpes zoster*	Virus dormant dans l'organisme et activé par une infection	Douleur, éruption de vésicules, engourdissement (torpeur)

VITAMINES ET MINÉRAUX

Les principaux minéraux, oligoéléments et vitamines figurent sur la liste ci-dessous, accompagnés des symptômes de leur carence dans l'alimentation.

Vitamine/nom commun		Symptômes de carence
A	Rétinol (carotène)	Vision nocturne défaillante, peau rugueuse, diminution de la croissance osseuse
B_1	Thiamine	Béribéri (paralysie et faiblesse), altération des fonctions musculaires et de la mémoire
B_2	Riboflavine	Troubles de la vision, cataracte
B_3	Niacine	Pellagre (trouble nerveux, lésions d'eczéma, diarrhées)
B_6	Pyridoxine	Problème de peau sur le visage
B_9	Acide folique	Anémie (troubles sanguins)
B_{12}	Cyanocobalamine	Anémie, désordres cérébraux
C	Acide ascorbique	Scorbut (maladie des gencives)
D	Calciférol	Rachitisme et autres problèmes osseux
E	Tocophérol	Mauvaise absorption des graisses
K	Phylloquinone	Mauvaise coagulation du sang

Minéral	Symptômes de carence
Calcium	Mauvaise ossification
Chrome	Crises de diabète chez l'adulte
Cuivre	Anémie
Fer	Anémie
Fluor	Caries dentaires, problèmes osseux possibles
Iode	Goitre (hypertrophie de la thyroïde)
Magnésium	Rythme cardiaque irrégulier, faiblesse musculaire
Manganèse	Non élucidé chez l'homme
Molybdène	Inconnu chez l'homme
Phosphore	Faiblesse musculaire, perte d'appétit, douleurs osseuses
Sélénium	Problèmes cardiaques
Sodium	Déséquilibre acide-base dans les fluides corporels (très rare)
Zinc	Problèmes de cicatrisation, perte d'appétit

LES PROTÉINES

Voici une liste de protéines que l'on trouve chez l'homme. Elles sont classées selon leur fonction dans l'organisme.

Enzymes
La plupart des réactions chimiques qui se déroulent dans un organisme sont catalysées (accélérées ou ralenties) par des protéines appelées enzymes. L'**amylase**, qui décompose l'amidon dans la bouche, est une (ou un) enzyme.

Hormones
Les hormones coordonnent et régulent les processus biologiques. L'**insuline**, par exemple, aide à la régulation de la concentration de sucre dans le sang.

Protéines défensives
Elles protègent l'organisme contre les maladies. Les **anticorps**, qui combattent les bactéries et les virus, en font partie.

Récepteurs
Les récepteurs sont insérés dans la membrane cellulaire. Ils reconnaissent et fixent les molécules extérieures comme les hormones, et jouent aussi un rôle dans la réponse des cellules aux stimuli chimiques.

Protéines contractiles
Elles jouent un rôle important dans le mouvement. L'**actine** et la **myosine**, par exemple, permettent aux muscles de se contracter.

Protéines structurales
Elles forment une partie essentielle de la structure qui supporte l'organisme. Par exemple, le **collagène** et l'**élastine** procurent une armature fibreuse aux tissus conjonctifs comme les tendons et les ligaments.

Protéines de transport
Elles sont chargées de transporter d'autres substances à travers l'organisme. L'**hémoglobine**, la protéine du sang qui renferme du fer, par exemple, transporte l'oxygène des poumons vers les autres parties du corps.

Protéines de stockage
Certaines substances combinées à des protéines sont stockées dans l'organisme. Par exemple, le fer est stocké dans le foie avec la protéine **ferritine**.

Protéines nutritives
Ce sont des protéines de stockage spéciales pour les acides aminés. La **caséine**, une protéine du lait, est une source majeure d'acide aminé pour les bébés mammifères.

GLOSSAIRE

Acide lactique Voir respiration anaérobie.
Acides aminés Acides organiques qui forment des chaînes pour produire des protéines.
ADN Acide désoxyribonucléique que l'on trouve dans le noyau cellulaire. Les molécules d'ADN, en forme de double hélice, constituent une partie des chromosomes de tous les êtres vivants.
Allèle N'importe quelle des formes sous lesquelles un gène peut se présenter. Par exemple, un gène de la couleur des yeux peut être un allèle bleu ou vert.
Alvéoles Sacs minuscules à l'extrémité des bronchioles pulmonaires dans lesquels s'effectuent les échanges gazeux avec le sang.
Amidon Hydrate de carbone (glucide) complexe emmagasiné comme source d'énergie par les plantes. Dans l'organisme, il est décomposé en glucose, puis stocké sous forme de glycogène ou utilisé comme énergie.
Ampoule Voir canaux semi-circulaires.
Anticorps Voir lymphocyte.
Antigène Substance chimique présente sur les germes et qui déclenche la production d'un anticorps spécifique visant à la détruire.
Arc réflexe Circuit raccourci, via la moelle épinière uniquement, que suit l'influx nerveux lors d'un mouvement réflexe.
Axones Fibres nerveuses qui prolongent les cellules nerveuses et par lesquelles repart l'influx.

Bassinet Cavité du rein dans laquelle est collectée l'urine avant qu'elle passe dans l'uretère.
Bâtonnets Récepteurs de la rétine sensibles à la lumière, mais pas aux couleurs.
Bile Liquide verdâtre produit par le foie qui décompose les lipides (graisses) en minuscules gouttelettes que les enzymes peuvent ensuite digérer.
Bourgeons gustatifs Structures minuscules des papilles de la langue qui contiennent des récepteurs gustatifs. Ces chimiorécepteurs envoient des informations sur les molécules chimiques contenues dans les aliments au cerveau, qui les interprète comme des saveurs.
Bronches Deux conduits épais qui prolongent la trachée et qui mènent aux poumons. Les bronches se divisent pour former l'**arbre bronchique**.
Bronchioles Plus petites ramifications de l'arbre bronchique qui se terminent par des alvéoles.

Canal de Havers Canal dans l'os compact à travers lequel passent les vaisseaux sanguins.
Canaux déférents Deux conduits qui véhiculent le sperme de l'épididyme vers l'urètre.
Canaux de Volkmann Minuscules tubes qui se ramifient à partir des canaux de Havers et conduisent les vaisseaux sanguins et les nerfs vers les ostéocytes.
Canaux lacrymaux Canaux qui drainent les larmes des yeux vers le nez.
Canaux semi-circulaires (labyrinthe osseux) Trois canaux de l'oreille interne situés dans les trois plans perpendiculaires et contenant le labyrinthe membraneux, qui jouent un rôle crucial dans le maintien de l'équilibre.
Capillaires Minuscules vaisseaux sanguins à travers les parois desquels l'oxygène passe du sang aux cellules, et le gaz carbonique et les déchets sont récupérés pour être éliminés. Voir aussi fluide tissulaire.
Capsule de Bowman Voir glomérule.
Cavité pulpaire Cavité centrale tendre de la dent.
Cellules ciliées Cellules garnies de cils récepteurs (prolongements du cytoplasme) qui, déplacés par le mouvement de l'air ou d'un fluide, envoient des impulsions au cerveau.
Cellules olfactives Chimiorécepteurs du nez qui transmettent des informations au cerveau sur les molécules odorantes.
Cervelet Partie postérieure du cerveau responsable de la coordination des mouvements et de l'équilibre.
Chimiorécepteurs Cellules qui détectent certaines substances chimiques, par exemple celles de la langue. Voir également bourgeons gustatifs, cellules olfactives.
Cholestérol Substance grasse présente dans les membranes des cellules animales. Un taux de cholestérol trop élevé peut engendrer des maladies cardio-vasculaires.
Chromosome X Chromosome sexuel présent dans tous les ovules et dans la moitié des spermatozoïdes.
Chromosome Y Chromosome sexuel qui se trouve dans la moitié des spermatozoïdes.
Chromosomes Éléments des noyaux cellulaires formés de chaînes d'ADN. Les cellules humaines (sauf les gamètes) ont 46 chromosomes. Chaque chromosome est constitué d'unités plus petites, les gènes, qui contiennent toutes les informations nécessaires au développement d'un organisme.
Chromosomes homologues Paires de chromosomes, chacune portant des paires de gènes (un sur chaque chromosome) qui déterminent les caractères. Les cellules humaines (sauf les gamètes) ont 23 paires de chromosomes (voir aussi génome et génotype).
Chromosomes sexuels Chromosomes X et Y qui déterminent le sexe. Une fille possède deux chromosomes X et un garçon un X et un Y.
Cils Poils minuscules sur les membranes internes du corps, comme les muqueuses nasales, qui empêchent la poussière et le mucus d'entrer dans les poumons.
Cils olfactifs Poils microscopiques qui pendent dans la cavité nasale. Ce sont les dendrites des cellules olfactives. Ils absorbent les **molécules odorantes**.
Cochlée ou **limaçon** Conduit de l'oreille interne en forme de spirale et rempli de fluide, dans lequel passent les vibrations sonores qui sont conduites des cellules ciliées à l'organe de Corti.
Col de l'utérus Partie inférieure étroite et musculeuse de l'utérus qui s'ouvre sur le vagin.
Colon Première partie du gros intestin.
Colonne vertébrale Épine dorsale constituée de 33 **vertèbres** articulées.
Cônes Récepteurs coniques situés sur la rétine qui sont sensibles aux lumières rouges, vertes et bleues.
Conjonctive Membrane transparente qui recouvre la cornée et l'intérieur des paupières.
Cordon ombilical Conduit contenant des artères et une veine, qui relie le bébé au placenta. Le cordon ombilical est coupé à la naissance.
Cornée Tunique transparente formant une membrane protectrice sur l'œil. C'est la partie centrale de la sclérotique.
Corps calleux Épaisse bande de fibres nerveuses qui relient les hémisphères cérébraux.
Corps ciliaire Partie de l'œil qui contient les muscles chargés de modifier la forme du cristallin.
Corpuscules de Meissner Récepteurs du toucher de la peau qui envoient des influx au cerveau.
Corpuscules de Pacini Récepteurs de la peau sensibles à la pression, qui envoient des influx au cerveau.
Cortex Partie externe périphérique d'un organe, comme le cerveau (cortex cérébral) ou les reins.
Couche cornée Couche externe de l'épiderme constituée de cellules mortes à base de kératine.
Cupule Protubérance gélatineuse qui surmonte des cellules ciliées à l'intérieur de l'ampoule de chaque canal semi-circulaire de l'oreille interne. Les cellules ciliées répondent aux mouvements du fluide lorsque la tête pivote ou penche et envoient des impulsions au cerveau.
Cuspides 1. Valves de fermeture des valvules cardiaques qui séparent les quatre chambres cardiaques. Le flot sanguin les force à s'ouvrir, puis elles se referment pour bloquer tout reflux. 2. Pointes sur certaines dents.
Cuticule 1. Pellicule de kératine très mince qui recouvre les poils et les cheveux. 2. Peau épaisse qui borde la base des ongles.

Dendrites Fibres nerveuses qui transportent l'influx vers les corps cellulaires des neurones.
Dentine Ivoire de la dent, substance couverte par la couronne.
Derme Couche interne épaisse de la peau, située sous l'épiderme.
Désoxyribose Un type de sucre qui constitue les « montants » de la double hélice de l'ADN.
Diaphragme Couche musculaire située sous les poumons qui s'aplatit lors de l'inspiration et se relâche en remontant lors de l'expiration.
Diencéphale Partie centrale du cerveau constituée du thalamus et de l'hypothalamus.
Double hélice Forme de la molécule d'ADN semblable à une échelle de corde vrillée.
Duodénum Première partie de l'intestin grêle, où les sucs digestifs décomposent les lipides, les protides et les glucides. Le mélange qui en résulte passe par le **jéjunum**, dont les parois absorbent les aliments digérés. La nourriture non digérée qui reste passe dans l'**iléon**, où se poursuit le processus.

Éjaculation Émission de sperme par le pénis. Le sperme est propulsé dans le pénis par la contraction des muscles du pourtour de l'urètre.
Électroencéphalogramme (EEG) Tracé d'enregistrement des ondes cérébrales dont se servent les médecins.
Émail Substance très dure recouvrant la dentine de la couronne des dents.
Embryon Le bébé au cours des deux premiers mois de sa croissance dans l'utérus.
Endoscope Sorte de tube flexible introduit dans le corps d'un patient pour visualiser les problèmes et extraire les grosseurs.
Enzyme Substance chimique qui facilite ou accélère les réactions biochimiques internes de l'organisme.
Épiderme Couche externe de la peau.
Épididyme Organe allongé placé sur le bord postérieur des testicules, dans lequel les spermatozoïdes sont stockés.
Épiglotte Sorte de soupape qui ferme la trachée lors de la déglutition, pour empêcher l'étouffement.
Épimysium Membrane protectrice et résistante des muscles.
Excrétion Évacuation des déchets hors de l'organisme.

Fécondation (ou **conception**) Fusion d'un ovule (gamète femelle) et d'un spermatozoïde (gamète mâle) pour former la première cellule d'un nouvel être vivant.
Fibres à contraction lente Fibres de muscles striés qui se contractent lentement et peuvent rester longtemps ainsi sans se fatiguer.
Fibres à contraction rapide Fibres de muscles striés qui se contractent rapidement sur de courtes durées.
Fibres musculaires (ou **myofibres**) Longues cellules cylindriques formant des faisceaux et constituant le tissu musculaire.
Fibrine Substance filamenteuse et élastique produite par réactions chimiques des plaquettes et qui forme un caillot lors de la coagulation du sang.
Fluide tissulaire Fluide dans lequel baignent les cellules, qui apporte l'oxygène et les aliments dissous des capillaires aux cellules, et évacue le gaz carbonique et les déchets des cellules vers les capillaires.
Fœtus Bébé avant la naissance et après deux mois de développement dans l'utérus.
Foie Gros organe qui sécrète la bile, décompose les acides aminés des aliments en produisant de l'urée, filtre certaines substances toxiques et sert de réservoir de glycogène, de minéraux et de vitamines.
Follicules Petites cavités de la peau dans lesquelles poussent les poils.

Ganglions lymphatiques Chaînes de petits organes disposés le long du système lymphatique qui produisent des globules blancs et piègent les germes infectieux.
Gène Segment d'ADN sur un chromosome contenant une instruction. Les gènes fonctionnent par paires, chacun ayant son homologue sur des paires de chromosomes, et sont responsables d'un caractère précis chez un organisme vivant, comme le couleur des yeux (voir aussi gène dominant).
Gène dominant L'un des gènes d'une paire qui porte une instruction s'exprimant au détriment de celle portée par l'autre, ou gène **récessif**.
Gènes codominants Paire de gènes dont les informations sont exprimées conjointement, l'un ne masquant pas l'autre.
Gènes liés au sexe Gènes propres au chromosome X.
Génie génétique Science de l'extraction de gènes d'organismes particuliers pour les introduire dans d'autres à des fins diverses, comme la mise au point de nouveaux traitements médicaux ou la création d'organismes génétiquement modifiés.
Génome Ensemble des gènes propres à une espèce donnée. Le génome humain comprend 23 chromosomes (le nombre de chromosomes d'un gamète mâle ou femelle).
Génotype Ensemble des gènes contenus dans la cellule d'un organisme. Le génotype humain comprend 46 chromosomes, soit deux génomes, l'un paternel et l'autre maternel.
Gingivite Maladie des gencives qui provoque leur saignement.
Gland Extrémité sensible du pénis.
Glandes Organes qui produisent des substances vitales au bon fonctionnement de l'organisme (voir également glandes endocrines et exocrines).
Glandes digestives Glandes du système digestif qui produisent des **sucs digestifs**. Ceux-ci contiennent des enzymes qui décomposent les aliments en substances plus simples.
Glandes endocrines Glandes, telles que les glandes surrénales, qui produisent des hormones et les sécrètent directement dans le sang (voir aussi glandes exocrines).
Glandes exocrines Glandes, telles que les glandes sudoripares, qui sécrètent des substances sur une surface ou dans une cavité (voir aussi glandes endocrines).
Glandes lacrymales Deux glandes, une au-dessus de chaque œil, qui produisent les larmes pour garder les yeux humides et propres et pour combattre les infections.
Glandes sébacées Glandes de la peau secrétant un corps gras, le **sébum**, qui la lubrifie et la rend imperméable.
Glomérule Nœud de capillaires à l'intérieur d'un néphron, où la pression permet au glucose, à l'eau et aux sels du sang de passer dans la **capsule de Bowman**.
Glucagon Hormone qui élève le taux de glucose dans le sang.
Glucides Composés organiques contenant du carbone, de l'hydrogène et de l'oxygène. Un glucide simple, le glucose, est stocké sous forme de glycogène dans le foie et décomposé au cours de la respiration interne pour libérer l'énergie nécessaire à la vie.
Glucose Glucide (sucre) simple qui est décomposé lors de la respiration interne (aérobie) pour obtenir de l'énergie.
Glycogène Sorte d'amidon obtenu à partir du glucose pour être stocké par le foie.
Graisses Substances onctueuses que le corps stocke dans divers tissus comme réserve d'énergie (voir aussi lipides).

Hémoglobine Substance chimique contenue dans les globules rouges du sang qui se combine avec l'oxygène dans les poumons pour donner l'oxyhémoglobine, d'un rouge vif.
Hétérozygote Se dit d'une personne porteuse de deux gènes différents (récessif et dominant) pour un caractère, sur les chromosomes d'une même paire.
Homéostasie Régulation naturelle des différentes constantes internes d'un organisme, par exemple la température corporelle ou l'équilibre des substances chimiques.
Homozygote Se dit d'une personne porteuse de deux gènes identiques pour un caractère, sur les chromosomes d'une paire.
Hormones Substances chimiques sécrétées par les glandes endocrines et qui aident à maintenir les constantes physiologiques de l'organisme.
Hormones antagonistes Des hormones produisant des effets opposés qui travaillent ensemble pour équilibrer les taux de substances chimiques de l'organisme.
Humeur aqueuse Liquide qui remplit la cavité entre le cristallin et la cornée de l'œil.
Humeur vitrée Substance gélatineuse qui remplit la cavité oculaire à l'arrière du cristallin, et lui conserve sa forme.
Hydrates de carbone Voir glucides.
Hypoderme Couche de cellules graisseuses sous le derme qui contribue à maintenir la température corporelle.
Hypothalamus Partie du diencéphale contrôlant l'homéostasie et certaines hormones.

Ilots de Langerhans Amas de cellules (glandes endocrines) du pancréas qui sécrètent l'insuline et le glucagon.
Infundibulum (ou **pavillon**) Ouverture en forme d'entonnoir à l'extrémité des trompes de Fallope.
Insuline Hormone sécrétée par le pancréas qui abaisse le taux de glucose dans le sang.
Iris Partie colorée de l'œil garnie de muscles contrôlant l'ouverture de la pupille.

Kératine Protéine imperméable et constituant principal des poils, des cheveux et des ongles.

Labyrinthe membraneux Dans l'oreille interne, conduits remplis de liquide à l'intérieur du labyrinthe osseux (canaux semi-circulaires). À leur base se trouvent des renflements, ou **ampoules**, dans lesquelles une cupule détecte les mouvements du fluide.
Lacunes Cavités microscopiques dans l'os qui renferment les ostéocytes.
Lamelles Couches denses et circulaires qui constituent l'os compact.
Larynx Organe de la parole situé au sommet de la trachée.
Lèvres Double repli de peau entourant l'ouverture du vagin et de l'urètre.
Lipides Groupe de corps gras que l'on trouve dans les aliments et que l'organisme stocke sous forme de graisse.
Liquide céphalo-rachidien (**cérébro-spinal**) Fine couche liquide servant d'amortisseur entre le cerveau et la boîte crânienne.
Lymphe Liquide organique riche en globules blancs issu du fluide tissulaire. La lymphe nourrit les cellules, draine les déchets et participe à la défense de l'organisme.
Lymphocyte Globule blanc qui détruit les germes en sécrétant des anticorps.

Macrophage Type de monocyte sanguin ayant le pouvoir de détruire les particules étrangères par phagocytose. Il existe des macrophages se déplaçant constamment et d'autres fixes, qui restent dans des organes, comme les ganglions lymphatiques.
Maculas Sortes de taches gélifiées, une dans le saccule et l'autre dans l'utricule de l'oreille interne. Les grains minuscules, ou **otolithes**, qu'elles contiennent se déplacent en même temps que la tête et déclenchent l'envoi d'influx au cerveau par l'intermédiaire de cellules ciliées.
Méiose Type de division cellulaire qui produit quatre gamètes (cellules sexuelles), dont les noyaux ne contiennent que la moitié du nombre de chromosomes cellulaires.
Mélanine Pigment brun de la peau et des cheveux qui absorbe les rayons ultraviolets nocifs du soleil.
Mélanocytes Cellules de la peau qui produisent de la mélanine.
Mémoire procédurale Mémoire qui enregistre les procédés utilisés pour les actions, comme la marche.
Ménopause Période de la vie d'une femme, généralement entre 45 et 55 ans, durant laquelle les ovaires cessent de libérer des ovules et les règles s'arrêtent.
Menstruation (ou **règles**) Stade du cycle de la femme (tous les 25 à 30 jours) durant lequel se produit un écoulement de sang par le vagin dû à l'évacuation de la muqueuse utérine gorgée de sang et de l'ovule non fécondé.
Mésencéphale Voir tronc cérébral.
Métabolisme Ensemble des processus qui s'accomplissent dans l'organisme et qui concernent la production d'énergie, la croissance et les déchets.
Mitose Type de division cellulaire dans lequel les noyaux des deux cellules filles possèdent le même nombre de chromosomes que le noyau de la cellule mère.
Modification génétique Génie génétique consistant à modifier un organisme en y introduisant un gène porteur d'un caractère désiré qui provient d'un autre organisme. Un tel organisme est dit **transgénique**.
Moelle Couche interne d'un organe, comme les reins ou le tronc cérébral.
Moelle épinière Épais réseau de fibres nerveuses courant dans le canal de la colonne vertébrale, depuis le cerveau jusqu'au bas du dos. Elle assure une liaison à double sens de toutes les parties du corps.
Moelle osseuse Tissu que l'on trouve à l'intérieur des os. L'espace entre les trabécules des os spongieux est rempli de **moelle rouge**. C'est là que sont fabriqués les globules rouges. La cavité des os longs renferme une réserve de graisse, la **moelle jaune**.
Monocyte Type de globule blanc qui détruit les germes par phagocytose (voir aussi macrophages).
Mucus Liquide visqueux sécrété par les membranes muqueuses, par exemple la muqueuse qui tapisse l'intérieur du nez et de la trachée. Il piège la poussière et les germes, et humidifie l'air inspiré.
Muscle dilatateur Muscle de l'iris qui se contracte par faible luminosité pour dilater la pupille, ce qui permet à un maximum de lumière d'entrer dans l'œil.
Muscle lisse Type de muscle constitué de fibres courtes en forme de fuseau, qui se trouve dans les parois des organes internes.
Muscle strié Type de muscle qui constitue les muscles squelettiques.
Muscles arrecteurs Muscles minuscules responsables du hérissement des poils de la peau.
Muscles intercostaux Muscles entre les côtes qui se contractent à l'inspiration pour augmenter le volume de la cage thoracique et se détendent à l'expiration.
Muscles squelettiques Muscles volontaires attachés au squelette par des tendons.
Myocarde Tissu musculaire strié fait de fibres en forme de Y entrelacées, qui constitue la plus grande partie de la paroi du cœur.
Myofibrilles Longues fibres qui forment les fibres musculaires.
Myofilaments Filaments épais et fins, entrecroisés, qui constituent les myofibrilles.

Néphrons Minuscules unités de filtration des reins.
Nerf auditif Voir organe de Corti.
Neurones Cellules nerveuses (voir aussi neurones d'association, moteurs et sensoriels).
Neurones d'association Neurones du cerveau et de la moelle épinière qui interprètent les informations en provenance des neurones sensoriels, puis transmettent des instructions aux neurones moteurs.
Neurones moteurs Neurones qui transmettent les instructions du système nerveux central au corps, où elles sont exécutées.
Neurones sensoriels Neurones de l'extrémité des récepteurs. Ils véhiculent les informations sur les stimuli depuis les récepteurs jusqu'au système nerveux central.
Neurotransmetteur Substance chimique émise lorsqu'un influx nerveux atteint un synapse. Si la quantité de neurotransmetteur accumulée est suffisante, l'influx traverse le synapse vers le neurone suivant.
Nucléotides Unités chimiques constitutives de l'ADN. Chacune est composée d'un sucre (déoxyribose), d'une base et d'un phosphate.

Oesophage Tube qui véhicule les aliments de la gorge à l'estomac.
Organe de Corti Membrane située dans la cochlée contenant des cellules ciliées qui transforment les vibrations sonores en influx nerveux transmis par le **nerf auditif** au cerveau, ce qui permet l'audition.
Ossification Transformation d'un tissu cartilagineux jeune du squelette en tissu osseux dur.
Os spongieux Type d'os solide et léger constitué de trabécules baignant dans la moelle osseuse rouge.
Ostéocytes Cellules osseuses vivantes.
Otolithes Voir maculas.
Ovaires Les deux organes reproducteurs femelles qui produisent les ovules.
Ovulation Libération d'un ovule mature dans la trompe de Fallope.
Ovule Gamète femelle.
Oxyhémoglobine Substance chimique rouge vif qui se forme quand l'hémoglobine des globules rouges se combine avec l'oxygène. Celui-ci est libéré dans l'organisme et l'oxyhémoglobine redevient de l'hémoglobine.

Paire antagoniste Deux muscles qui travaillent ensemble pour bouger une partie du corps. Le mouvement est provoqué par l'**agoniste**, qui se contracte, tandis que l'**antagoniste** se détend. Lorsque la partie du corps retourne à sa position d'origine, le muscle antagoniste devient agoniste et vice versa.
Pancréas Organe qui produit le suc pancréatique et d'autres substances importantes, comme l'insuline.
Papilles Minuscules protubérances de la langue, dont beaucoup contiennent des bourgeons gustatifs.
Pathogène Se dit d'un micro-organisme, tel qu'un virus ou bien une bactérie, qui provoque une maladie.
Pavillon Partie externe de l'oreille.

Pénis Organe qu'utilise le mâle pour introduire le sperme directement dans le corps de la femelle. Il sert aussi à évacuer l'urine.
Périmysium Membrane protectrice entourant les faisceaux musculaires.
Périodonte Faisceaux fibreux qui forment l'articulation entre la racine de la dent et le maxillaire.
Périoste Fin tissu recouvrant les os et qui contient des cellules de croissance et de cicatrisation.
Péristaltisme Contractions des muscles des parois du tube digestif qui permettent le transit des aliments.
Phagocytose Processus par lequel les monocytes détruisent les germes en changeant de forme pour les absorber.
Pharynx Région de la gorge reliant la bouche à la cavité nasale.
Placenta Masse charnue richement vascularisée qui adhère à l'utérus et par laquelle se font les échanges entre la mère et le bébé.
Plaque dentaire Film bactérien qui se forme sur les dents.
Plaquettes Cellules du sang sans noyau qui se rassemblent pour former un **caillot** dans une zone blessée (voir aussi fibrine).
Plasma Liquide jaune pâle qui constitue plus de la moitié du volume sanguin.
Plexus pileux Terminaisons nerveuses sensibles aux mouvements formant un réseau autour des follicules pileux qui contiennent les poils.
Prépuce Repli de peau qui entoure le gland, partie sensible du pénis.
Prostate Glande entourant le haut de l'urètre chez l'homme, qui produit une partie du liquide séminal.
Protéines (Protides) Substances à base d'acides aminés. Les protéines sont produites par les cellules et sont essentielles à la croissance et à la cicatrisation des tissus.

Récepteurs Terminaisons des dendrites des neurones sensoriels qui répondent à des stimuli comme la lumière ou la chaleur.
Récepteurs d'étirement (**organes tendineux de Golgi**) Récepteurs des muscles et des tendons sensibles à la contraction qui informent le cerveau de la position du corps.
Rectum Partie terminale du gros intestin où sont stockées les matières résiduelles (**fèces**) jusqu'à ce qu'elles soient évacuées par l'anus.
Réflexe Mouvement involontaire, souvent soudain, comme de retirer la main du feu.
Respiration aérobie Respiration interne au cours de laquelle l'oxygène se combine au glucose pour produire de l'énergie, de l'eau et du gaz carbonique.
Respiration anaérobie Respiration interne qui peut se produire pendant un effort intense, lorsque la respiration aérobie n'est plus suffisante pour produire toute l'énergie nécessaire. Le glucose des muscles est directement transformé en énergie (sans oxygène), et de l'**acide lactique** s'accumule, entraînant des courbatures et une situation de manque d'oxygène. Après l'effort, de profondes respirations pour absorber de l'oxygène permettent de récupérer.
Respiration interne ou **cellulaire** Processus par lequel l'énergie des aliments digérés est libérée (voir aussi respiration aérobie et anaérobie).
Rétine Tunique interne de l'œil sensible à la lumière dont les cellules (cônes et bâtonnets) envoient des impulsions au cerveau par le **nerf optique**.

Saccule Sac à la base du système vestibulaire de l'oreille interne jouant un rôle important dans la perception de la position de la tête (voir aussi maculas).
Sclérotique Membrane blanche résistante couvrant l'œil, opaque sauf au niveau de la cornée.
Scrotum Sac de peau contenant les testicules, suspendu à l'extérieur du corps de l'homme.
Semence (**sperme**) Mélange de spermatozoïdes et du liquide séminal évacué par le pénis lors de l'éjaculation.
Sénescence Processus du vieillissement.
Sommeil lent profond Phase du sommeil sans mouvements oculaires.
Sommeil paradoxal Phase du sommeil caractérisée par des mouvements oculaires.
Sphincter 1. Anneau musculaire semblable à celui qui contrôle l'émission d'urine. 2. Muscle de l'iris qui se contracte sous l'effet de la lumière vive et rétrécit la pupille pour éviter l'éblouissement.
Squelette appendiculaire Partie du squelette comprenant les épaules, les bras, le bassin et les jambes.
Squelette axial Partie du squelette constituée par le crâne, la colonne vertébrale et la cage thoracique.
Sucs gastriques Liquides acides produits par les glandes gastriques de l'estomac, qui décomposent les aliments et détruisent les germes.
Synapse Jonction entre deux neurones.
Synovie Fluide de lubrification produit dans la plupart des articulations.
Système lymphatique Réseau de vaisseaux et d'organes qui contient la lymphe (voir aussi lymphe).
Système nerveux autonome ou **végétatif** L'ensemble des nerfs qui contrôlent les actions involontaires.
Système nerveux périphérique Réseau de nerfs qui assure les liaisons entre l'organisme et le système nerveux central.
Système respiratoire Les poumons et les conduits de la respiration (voir aussi bronches, bronchioles, alvéoles).
Système tégumentaire L'ensemble formé par la peau, les ongles, les poils et les cheveux, qui protège le corps des agressions, des infections et de la déperdition d'eau.
Système vestibulaire Groupe d'organes de l'oreille interne qui jouent un rôle essentiel dans l'équilibration (voir aussi canaux semi-circulaires, utricule, saccule).

Taux métabolique Taux auquel l'organisme convertit les aliments en énergie.
Télencéphale La plus grosse partie du cerveau divisée en deux moitiés jointes, ou **hémisphères cérébraux**. Il contrôle la plupart des activités physiques et mentales, ainsi que l'activité du cervelet. La membrane externe est appelée **cortex cérébral**.
Tendons Bandes de tissu fibreux et résistant qui rattachent les muscles aux os.
Testicules Deux glandes qui produisent les spermatozoïdes chez le mâle.
Thalamus Partie du diencéphale où sont triés les influx arrivant au cerveau avant d'être renvoyés vers d'autres zones pour traitement.
Trabécules Structures osseuses entrecroisées qui forment l'os spongieux.
Trachée Tube par lequel l'air entre et sort des poumons.
Trompes de Fallope Deux canaux situés près de chaque ovaire, qui transportent l'ovule jusqu'à l'utérus au moment de l'ovulation.
Tronc cérébral Partie inférieure du cerveau composée du **mésencéphale**, de la **protubérance annulaire** et du **bulbe rachidien**. Il contrôle les fonctions automatiques, comme la respiration.
Tube digestif Le tube qui va de la bouche à l'anus et par lequel les aliments transitent.

Urée Substance résiduelle produite dans le foie par décomposition des acides aminés.
Uretère Canal qui véhicule l'urine d'un rein à la vessie.
Urètre Conduit par lequel l'urine est expulsée du corps.
Urine Liquide résiduel produit par les reins composé d'urée, d'eau et de sels toxiques.
Utérus Poche à l'intérieur du ventre de la femme dans laquelle le bébé se développe.
Utricule Sac situé entre les canaux semi-circulaires et le saccule, qui joue un rôle important dans l'équilibration (voir aussi maculas).

Vaccin Dose de germes trop affaiblis pour provoquer une maladie mais suffisants pour déclencher la production d'anticorps et développer une immunité contre la maladie. L'utilisation d'un vaccin est la **vaccination**.
Vagin Chez la femme, conduit musculeux qui s'étend du col de l'utérus à la vulve. Le pénis y pénètre au cours de l'acte sexuel et le bébé y passe à la naissance.
Vésicule biliaire Organe en forme de sac, proche du foie, dans lequel la bile est stockée.
Vésicules séminales Deux organes situés sous la vessie, qui produisent une partie du liquide séminal.
Villosités Projections microscopiques dans la muqueuse de l'intestin grêle qui absorbent les aliments digérés.
Virus Micro-organismes infectieux constitués de protéines et de molécules d'ADN ou d'**ARN**, (un autre type d'acide nucléique) et parasitant les cellules vivantes. Les virus ne peuvent pas vivre seuls ; ils envahissent les cellules et se reproduisent, provoquant diverses maladies.
Vision binoculaire Vision obtenue lorsque chaque œil envoie une image légèrement différente au cerveau, qui forme alors une image en 3D.

Zygote Première cellule d'un embryon qui se forme lorsqu'un spermatozoïde féconde un ovule.

CONTRÔLE TES CONNAISSANCES

1. Le genou est une articulation du type
A. rotule
B. charnière
C. selle *(page 11)*

2. Lequel de ces termes ne décrit pas le biceps et le triceps ?
A. paire antagoniste
B. myocarde (muscle cardiaque)
C. muscles squelettiques *(pages 12-13)*

3. Le sang riche en oxygène circule du cœur à travers le corps via
A. l'aorte
B. l'artère pulmonaire
C. la veine pulmonaire *(page 14)*

4. L'oxygène passe dans le fluide tissulaire en traversant la paroi des
A. artères
B. veines
C. capillaires *(page 15)*

5. L'oxygène est transporté à travers l'organisme par
A. les globules blancs
B. les globules rouges
C. les plaquettes *(page 15)*

6. La forme des molaires est particulièrement adaptée pour
A. déchirer et percer les aliments
B. broyer et écraser les aliments
C. couper les aliments *(page 16)*

7. Une dent devient douloureuse quand les bactéries attaquent
A. l'émail
B. la dentine
C. la chambre pulpaire *(page 17)*

8. Les enzymes de la salive digèrent
A. l'amidon (type de glucide)
B. les protéines (protides)
C. les graisses (lipides) *(page 18)*

9. L'organe qui produit la bile est
A. le pancréas
B. l'intestin grêle
C. le foie *(page 19)*

10. L'absorption des aliments digérés se fait dans
A. l'estomac
B. l'intestin grêle
C. le colon *(page 19)*

11. Les nutriments principaux contenus dans la viande sont
A. les protéines (protides)
B. les hydrates de carbone (glucides)
C. les graisses (lipides) *(page 20)*

12. Les échanges gazeux se déroulent dans
A. les bronches
B. les bronchioles
C. les alvéoles *(page 22)*

13. La respiration interne qui utilise de l'oxygène est
A. anaérobie
B. métabolique
C. aérobie *(page 24)*

14. La description de la respiration aérobie est
A. glucose + oxygène + eau ➤ énergie + gaz carbonique
B. glucose + gaz carbonique ➤ énergie + oxygène + eau
C. glucose + oxygène ➤ énergie + gaz carbonique + eau *(page 24)*

15. L'activité physique
A. permet d'utiliser moins d'oxygène
B. accroît le rythme cardiaque
C. stabilise le rythme cardiaque *(page 25)*

16. Les composés chimiques qui contrôlent le taux des substances dans l'organisme sont
A. les glomérules
B. les hormones
C. les néphrons *(pages 26-27)*

17. Les récepteurs sont les terminaisons nerveuses des
A. neurones moteurs
B. neurones d'association
C. neurones sensoriels *(page 28)*

18. La partie la plus importante du cerveau est
A. le télencéphale
B. le cervelet
C. le tronc cérébral *(page 30)*

19. On trouve les corpuscules de Pacini dans
A. le sang
B. le cerveau
C. la peau *(page 32)*

20. La taille de la pupille est contrôlée par
A. la modification du cristallin
B. l'iris
C. les bâtonnets et les cônes *(pages 34-35)*

21. On trouve la fenêtre ovale dans
A. l'oreille
B. l'œil
C. le rein *(page 36)*

22. Les papilles gustatives qui détectent le goût amer sont
A. à l'avant de la langue
B. à l'arrière de la langue
C. sur les côtés de la langue *(page 39)*

23. La fécondation, ou conception, est
A. la fécondation d'un ovule par un spermatozoïde
B. un autre mot pour rapport sexuel
C. l'éjaculation *(page 41)*

24. L'organe qui procure de la nourriture et de l'oxygène au bébé dans le ventre maternel est
A. le placenta
B. l'utérus
C. le vagin *(pages 40-41)*

25. Les règles d'une femme se produisent
A. quand la muqueuse de l'utérus s'évacue
B. au moment de l'ovulation
C. quand la muqueuse utérine commence à s'épaissir *(page 43)*

26. Le type de division cellulaire qui produit les spermatozoïdes est
A. la fécondation
B. la méiose
C. la mitose *(page 44)*

27. Le vaccin contre la rougeole contient
A. une dose affaiblie de virus de la rougeole
B. des anticorps du virus de la rougeole
C. des lymphocytes *(page 49)*

28. Les antibiotiques sont efficaces contre
A. certains virus
B. certaines bactéries
C. tous les germes *(page 51)*

29. Lequel de ces traitements n'est pas un traitement alternatif ?
A. la chirurgie au laser
B. l'homéopathie
C. l'acuponcture *(pages 51-52)*

30. Laquelle de ces drogues est illégale ?
A. la nicotine
B. l'alcool
C. l'héroïne *(page 53)*

Réponses
1.B 2.B 3.A 4.C 5.B 6.B 7.C 8.A 9.C 10.B 11.A 12.C 13.C 14.C 15.B 16.B 17.C 18.A 19.C 20.B 21.A 22.B 23.A 24.A 25.A 26.B 27.A 28.B 29.A 30.C

INDEX

Tu trouveras la principale explication des termes de l'index aux pages figurant en gras, mais tu peux te reporter aux autres pages pour un complément d'information.

REMERCIEMENTS

CRÉDIT PHOGRAPHIQUE

(h : haut, m : milieu, b : bas, g : gauche, d : droite)

Corbis : **1** Charles O'Rear ; **36** (b) Collection Hulton-Deutsch ; **38** (h) Michael Freeman ; **41** (bd) Jenny Woodcock, Reflections Photo Library ; **42** (hd) Bettmann, (md) Bettmann, (bd) Corbis ; **51** (bd) Science Pictures Limited ; **52-53** (principale) Bill Ross.
Digital Imagery © Copyright 2001 PhotoDisc, Inc : 6-7
© Digital Vision : 24-25 ; 55 ; Images Colour Library : 5
Science Photo Library : couverture Hugh Turvey, Dr Gopal Murti ; **8-9** (h) Dr Yorgos Nikas ; **10-11** (principale) Manfred Kage ; **12** (d) John Daugherty ; **14-15** (h) National Cancer Institute ; **16-17** (h) Tek Image ; **22-23** (h) Alfred Pasieka ; **26** (b) Biophoto Associates ; **28-29** CNRI ; **30** Mehau Kulyk ; **32-33** (b) Prof. P. Motta/Dépt. d'anatomie/Université « La Sapienza », Rome ; **34-35** (b) David Parker ; **40** (h) Dr G. Moscoso ; **44-45** Biophoto Associates ; **46** (hd) A. Barrington Brown ; **47** (hm) Simon Fraser ; **48-49** (h) Juergen Berger, Institut Max-Planck ; **50** (h) Mehau Kulyk, (b) Hugh Turvey ; **52** (bg) BSIP Boucharlat.
Telegraph Colour Library : 2 Simon Bottomley
Opera North/Richard Moran : 23 (md) Roderick Williams dans le rôle de Figaro dans la production de l'Opera North du Barbier de Séville.

ILLUSTRATEURS

Simone Abel, Sophie Allington, Rex Archer, Paul Bambrick, Jeremy Banks, Andrew Beckett, Joyce Bee, Stephen Bennett, Roland Berry, Gary Bines, Isabel Bowring, Trevor Boyer, John Brettoner, Peter Bull, Hilary Burn, Andy Burton, Terry Callcut, Kuo Kang Chen, Stephen Conlin, Sydney Cornfield, Dan Courtney, Steve Cross, Gordon Davies, Peter Dennis, Richard Draper, Brin Edwards, Sandra Fernandez, Denise Finney, John Francis, Mark Franklin, Nigel Frey, Giacinto Gaudenzi, Peter Geissler, Nick Gibbard, William Giles, David Goldston, Peter Goodwin, Jeremy Gower, Teri Gower, Terry Hadler, Bob Hersey, Nicholas Hewetson, Christine Howes, Inklink Firenze, Ian Jackson, Karen Johnson, Richard Johnson, Elaine Keenan, Aziz Khan, Stephen Kirk, Richard Lewington, Brian Lewis, Jason Lewis, Steve Lings, Rachel Lockwood, Kevin Lyles, Chris Lyon, Kevin Maddison, Janos Marffy, Andy Martin, Josephine Martin, Peter Massey, Rob McCaig, Joseph McEwan, David McGrail, Malcolm McGregor, Christina McInerney, Caroline McLean, Dee McLean, Annabel Milne, Sean Milne, Robert Morton, Louise Nevet, Martin Newton, Louise Nixon, Steve Page, Justine Peek, Mick Posen, Russell Punter, Barry Raynor, Mark Roberts, Andrew Robinson, Michael Roffe, Michelle Ross, Michael Saunders, John Scorey, John Shackell, Chris Shields, David Slinn, Guy Smith, Peter Stebbing, Robert Walster, Craig Warwick, Ross Watton, Phil Weare, Hans Wiborg-Jenssen, Sean Wilkinson, Ann Winterbottom, Gerald Wood, David Wright.

Nous nous sommes efforcés de citer tous les propriétaires des copyrights des matériels utilisés dans cet ouvrage. Dans le cas où nous aurions omis certains copyrights, nous nous engageons à corriger ces oublis dans la prochaine édition si nous en sommes informés.